一本通系列

民事强制执行法律

一本通 master

张纪明 李昉 彭慧英 著

中华工商联合出版社

图书在版编目（CIP）数据

民事强制执行法律一本通／张纪明，李昉，彭慧英
著．—北京：中华工商联合出版社，2020.10（2023.9重印）
ISBN 978 - 7 - 5158 - 2837 - 4

Ⅰ.①民… Ⅱ.①张… ②李… ③彭… Ⅲ.①民事诉
讼 - 强制执行 - 研究 - 中国 Ⅳ.①D925.118.4

中国版本图书馆 CIP 数据核字（2020）第 156555 号

民事强制执行法律一本通

作　　者：张纪明　李　昉　彭慧英
出 品 人：李　梁
责任编辑：胡小英
封面设计：子　时
版式设计：北京东方视点数据技术有限公司
责任审读：郭敬梅
责任印制：迈致红
出版发行：中华工商联合出版社有限责任公司
印　　刷：三河市燕春印务有限公司
版　　次：2020 年 10 月第 1 版
印　　次：2023 年 9 月第 2 次印刷
开　　本：710mm×1020mm　1/16
字　　数：190 千字
印　　张：13.75
书　　号：ISBN 978 - 7 - 5158 - 2837 - 4
定　　价：68.00 元

服务热线：010 - 58301130 - 0（前台）
销售热线：010 - 58302977（网店部）
　　　　　010 - 58302166（门店部）
　　　　　010 - 58302837（馆配部、新媒体部）
　　　　　010 - 58302813（团购部）
地址邮编：北京市西城区西环广场 A 座
　　　　　19 - 20 层，100044
http://www.chgslcbs.cn
投稿热线：010 - 58302907（总编室）
投稿邮箱：1621239583@qq.com

C O N T E N T S 目 录

第三编 ↖
强制执行典型案例精选

附　录

民事强制执行财产调查法律及司法解释相关文件

第一编
民事强制执行调查概述

一、民事强制执行财产调查权的概念及性质

调查被执行人可供执行的财产是执行程序中的重要事项，查明与否直接关系到执行程序的进程和债权人权利的实现。

（一）民事强制执行财产调查权的概念

民事强制执行财产调查权是指法院依照法律规定，执行申请人依据法院颁发的财产调查令，向有关单位或者个人调查被执行人财产状况的权利。

对执行义务人的财产查明，是执行程序中的一种重要执行措施，2012年第二次修订的、于2013年1月1日起生效适用的《民事诉讼法》第二百四十一条、二百四十二条和二百四十八条等规定，是强制执行财产调查权的法律依据。

（二）民事强制执行财产调查权的性质

民事强制执行财产调查权是民事强制执行权实现的核心和基础。强制执行权的主体只能是国家，债权人享有的只能是强制执行请求权。[1] "法院因维护人民私权而适用国家强制力有两种方法，一是对于私权的确定，二是对于私权之实行。前者为狭义之诉讼程序，后者为强制执行程序。强制执行程序设定的唯一目的在于使人民业已确定的私权于不满足之状态下依国家强制力使其获得现实的满足，换言之，即在于贯彻人民对于私权之现实享有，而使其

---

① 沈德咏，张根大.中国强制执行制度改革理论研究与实践总结[M].北京：第77页。

发生实行之效果为目的也。"[1] 因此，民事强制执行财产调查权是执行权的组成部分，是执行实施权。

执行实施权是执行措施的实际操作权，其本身就具有强制执行力。执行实施权又有三项权能，即财产调查权、财产提取权和财产交付权。[2] 在行使执行实施权时，是照行政权运行的规律进行的，主要以追求效率为价值目标。执行实施权不是处理双方争议，而是根据已确定的内容进行办理。因此，民事强制执行财产调查权既不属于司法权，也不属于行政权，是执行机构基于公共利益而实施的，对公民私权实施公力救济的实际操作权，"体现着司法权与行政权的交叉"。[3]

二、民事强制执行财产调查的责任划分原则

民事强制执行财产调查由法院依职权主动查明、申请人主动提供线索、执行义务人强制申报三种途径相结合。在中国，法院是执行调查的主导机构，实行执行机关职权主义原则，财产调查的主要责任归于执行机构。但是由于现有社会征信系统的不完善，存在部门和地方保护主义问题及法院执行工作量庞大等因素，在执行实践中通常要求申请执行人提供财产线索，并配置执行义务强制申报、协助调查的法律手段。

（一）执行机关主导财产调查的职权主义原则

执行机关主导财产调查的职权主义原则，即法院依职权主动调查。它是

---

[1]　郑竞毅.强制执行法释义[M].北京：商务印书馆，2014：绪言1.

[2]　转引自最高人民法院执行工作办公室副主任葛行军在全国海事法院执行工作会议闭幕式上的讲话（2003年9月23日）。

[3]　谭秋桂，乔欣.民事执行机关研究，引自江必新，贺荣.强制执行法的起草与论证（三）[M].北京：中国法制出版社，2014：180.

指在被执行财产查明过程中，由执行机构承担主要的责任，享有最大的调查权利，执行机构一旦受理执行申请，就要主动展开对被执行责任财产的调查工作。

从我国的司法实践看，即使《民事诉讼法》规定了当事人对责任财产有提供和申报的义务，但被执行责任财产的查找程序仍然是由执行机构主导，对于执行机构的调查要求，相对方无合法理由不得加以拒绝。这是人民法院职权主义在执行程序中的反映，也是人民法院及社会公众传统认识的必然结果。

（二）执行申请人主导的当事人主义原则

许多国家在启动执行程序时实行当事人主义原则，对执行程序中某些领域如一定范围内相关事实的查明等也须由当事人承担相应责任。具体到债务人财产调查，就是主要由债权人及其代理律师承担对债务人财产调查和报告的义务，法院只在债权人调查存在困难或者客观障碍时才提供帮助，英、美、德等国都实施当事人进行主义的执行程序制度。在债务人财产查明的问题上，采取了主要由债权人承担查明财产或提供线索的义务并辅以法院提供强制性措施的帮助，规定债权人可申请启动某种强制债务人开示财产相关信息的程序等多种做法。债权人的法律地位虽然不同，但是其在债务人财产调查中发挥一定作用却是比较法上一种常见的制度安排。[①]

我国最高人民法院《关于人民法院执行工作若干问题的规定（试行）》第二十八条规定："申请执行人应当向人民法院提供其所了解的被执行人的财产状况或线索。"这一规定中涉及的财产调查是一种告诫性或义务性规定。[②]表明申请执行权利人享有申请执行权的同时，应当履行的提供义务人

---

① 王亚新，百晓峰.强制执行中债务人财产调查制度的完善，引自江必新，贺荣.强制执行法的起草与论证（三）[M].北京：中国法制出版社，2014：347.

② 童兆洪.民事执行调查与分析[M].北京：人民法院出版社，2005：302.

财产所在地或者线索的义务，体现了权利义务对等的原则。^① 2011年最高人民法院印发了《关于依法制裁规避执行行为的若干意见》的通知（法〔2011〕195号）强化了申请执行人提供财产线索的责任，通知规定，"各地法院可以根据案件的实际情况，要求申请执行人提供被执行人的财产状况或者财产线索，并告知不能提供的风险。各地法院也可根据本地的实际情况，探索尝试以调查令、委托调查函等方式赋予代理律师法律规定范围内的财产调查权。"目前来说，执行申请人提供财产线索并不是一项强制性义务或责任，而是一项鼓励性的举证义务。但是，从中国强制执行的立法和实践来看，有向当事人主要义务方向发展的趋势。

（三）被执行人强制申报原则

德国是以执行义务人财产申报为主导的国家。在德国，被执行人责任财产查找制度的内容主要包括代宣誓制度和债务人名录制度。在德国的民事强制执行过程中，当出现申请执行人不能因扣押而受到全部清偿或被执行人拒绝搜查等情形时，法院可依申请要求被执行人提出其财产目录。被执行人在财产目录中除了要说明其债权及其原因外，还应就以下内容做出说明：一是被执行人在指定做出代宣誓保证的第一个期日前的最后二年内对其最亲密的亲属所为的有偿转让；被执行人在指定的做出代宣誓保证的第一个期日前的最后四年内所为的无偿给付。德国现行的债务人名簿（也有称债务人名册）是与代宣誓的保证制度紧密联系在一起的，债务人名簿的首要作用是名簿的可查询性，为强制执行中的债权人提供信息。新的债权人可以查询债务人名簿，并且可能获得相应的副本。债权人可以根据代宣誓保证的日期判断是否可以还要申请债务人为代宣誓的保证，或者申请是否违反德国《民事诉讼法》第九百零三条和第九百一十四条的规定。另外，债务人名簿的复本可以

---

① 杨荣馨.《中华人民共和国强制执行法（专家建议稿）》立法理由、立法例参考与立法意义[M].厦门：厦门大学出版社，2011：202.

向工业与商业公会以及公法团体等发放，因此债务人名簿为一定范围内的市场交易主体提供了债务人的信息，从而保护诚实的市场交易人。① 被执行人强制申报原则，强化被执行人的财产申报义务，并对不实申报行为苛之以严惩，有效地提高了财产调查的效率。

在我国，最高人民法院在《关于人民法院执行工作若干问题的规定（试行）》（以下简称《执行规定》）中第二十八、二十九条要求，被执行人必须如实向人民法院报告其财产状况；人民法院在执行中可以传唤被执行人或被执行人的法定代表人或负责人到人民法院接受询问。一般执行机构依职权对被执行人做出申报要求时，该要求具有强制性，如果被执行人拒不履行申报义务，将承担较大法律责任。申请执行人在一定情况下如发现被执行人有可供执行的财产线索，也可以请求执行机构对被执行人发出申报要求。

2012年新《民事诉讼法》第二百四十一条规定，被执行人未按执行通知履行法律文书确定的义务，应当报告当前以及收到执行通知之日前一年的财产情况。被执行人拒绝报告或者虚假报告的，人民法院可以根据情节轻重对被执行人或者其法定代理人、有关单位的主要负责人或者直接责任人员予以罚款、拘留。最高人民法院关于适用《中华人民共和国民事诉讼法》的解释第四百八十四条规定，"对必须接受调查询问的被执行人、被执行人的法定代表人、负责人或者实际控制人，经依法传唤无正当理由拒不到场的，人民法院可以拘传其到场。人民法院应当及时对被拘传人进行调查询问，调查询问的时间不得超过八小时；情况复杂，依法可能采取拘留措施的，调查询问的时间不得超过二十四小时。人民法院在本辖区以外采取拘传措施时，可以将被拘传人拘传到当地人民法院，当地人民法院应予协助。"新《民事诉讼法》及司法解释对执行义务人的财产申报责任增加了惩戒法律措施，且明确了具体的程序规则。

---

① 赵秀举.德国的债务人名册制度，参见最高人民法院执行工作办公室.强制执行指导与参考（2005年第1辑）[M].人民法院出版社：196-197.

三、民事强制执行财产性质的界定

最高人民法院《关于人民法院执行工作若干问题的规定（试行）》第五十条、五十三条规定，专利权、注册商标专用权、著作权（财产权部分）等知识产权，以及被执行人拥有的股权或投资收益等，都属于可执行财产。所谓民事强制执行责任财产，依其他国家和地区的强制执行理论，是指"债务人之财产中，得为强制执行客体适格之总财产"。[①]

（一）民事强制执行责任财产

根据我国的法律和司法解释规定，具体来说，民事强制执行责任财产包括以下几项：

其一，被执行人所有的财产与金钱，包括房屋、车辆、机器设备、家用电器、金银首饰、存款、有价证券、生活用品等。

其二，被执行人享有的到期债权。根据最高人民法院《关于人民法院执行工作若干问题的规定（试行）》第六十一条的规定，被执行人不能清偿的债务，但对本案第三人享有到期债权的，人民法院可以依申请执行人或被申请人的申请，向第三人发出履行到期债务的通知，第三人在履行通知指定的期限内没有异议，而又不履行的，执行法院有权裁定强制履行。

其三，被执行人所有的，已向他人设定了担保的财产。由于要保护抵押权人、质权人和留置权人依法享有的优先受偿权，人民法院只能将优先受偿后剩余部分财产作为执行对象，如果属于无效担保财产，则应当列为执行财产。

[①] 陈计男.强制执行法释论[M].台湾：元照出版公司，2002：60.

其四，被执行人持有股份、投资权益以及被执行义务人应得的收益。包括股票、投资权益或股权，以及从有关企业中应得的股息、红利等收益，人民法院有权裁定禁止执行义务人提取和有关企业向执行义务人支付。

其五，离退休人员的离休金退休金。人民法院在执行时应当为离退休人员留出必要的生活费用。

（二）民事强制执行豁免财产

在债权人申请法院强制执行债务人财物时，为了保证被执行人的基本生存权利，民事诉讼法对被执行人的财物，设定了一定限制条款，符合限制性规定的财产，即为民事强制执行豁免财产。根据最高人民法院颁布的《民事诉讼法》及其司法解释，以及《最高人民法院关于人民法院民事执行中查封、扣押、冻结财产》的规定，执行豁免的财产包括以下几项：

其一，被执行人及其所扶养家属的生活必需费用。执行义务人的收入，包括工资、奖金、稿酬及其他收入。法律规定在被执行人没有储蓄存款而其他财产不宜执行时，可以扣留执行义务人的收入。《最高人民法院关于人民法院民事执行中查封、扣押、冻结财产》规定，当地有最低生活保障的，必需生活费用依照该标准确定。

其二，被执行人及其所扶养家属的生活必需品。

其三，被执行人及其所扶养的家属完成义务教育所必需的物品。

其四，未公开发表或未公开的著作。

其五，被执行人及其所扶养家属用于身体缺陷所必需的辅助工具、医疗物品。

其六，被执行人所得的勋章等荣誉表彰物品。

其七，根据《中华人民共和国缔结条约程序法》规定，免于查封、扣押、冻结的财产。

　　另外，根据我国《物权法》《婚姻法》《担保法》等相应的法律规定，下列财产也属于不得执行的财产：被执行人享有管理权而没有所有权的财产；被执行人与其他人共同共有的财产；应当由抵押权人、质权人或留置权人优先受偿的财产；第三人已经提出了异议的财产；其他依法不得执行的财物。

（三）责任财产争议问题

　　责任财产权属界定应以公示为准。根据学者王亚新、百晓峰的归纳，目前责任财产界定存在以下几方面的争议：一是债务人名下虽有一定的财产，法院和债务人认为该财产属于执行豁免财产，但债权人却认为该财产不属于豁免财产，而坚决要求执行，这尤其表现在"唯一住房"是否属于豁免财产，能否强制执行之上；二是债务人名下已无任何财产，法院认为已经无财产可供执行，而债权人却提供线索，认为第三人占有或登记在第三人名下的财产属于债务人所有，并坚持要求法院继续执行；三是债务人名下已无任何财产，但债权人却提供线索，声称债务人在他处仍有财产并要求法院进行执行，而法院认为债权人提供的线索不真实而不愿意采取措施。[①]

　　关于唯一住房是否属于豁免执行房屋的问题。最高人民法院于2015年5月5日发布的《关于人民法院办理执行异议和复议案件若干问题的规定》第二十条明确规定了唯一一套住房可执行的三个条件：一是对被执行人有扶养义务的人名下有其他能够维持生活必需的居住房屋的；二是执行依据生效后，被执行人为逃避债务转让其名下其他房屋的；三是申请执行人按照当地廉租住房保障面积标准为被执行人及所扶养家属提供居住房屋，或者同意参照当地房屋租赁市场平均租金标准从该房屋的变价款中扣除5~8年租金的。执行依据确定被执行人交付居住的房屋，自执行通知送达之日起，已经给予三个月的宽限期，被执行人以该房屋系本人及所扶养家属维持生活的必需品为由提出

---

　　① 王亚新，百晓峰.强制执行中债务人财产调查制度的完善，引自江必新，贺荣.强制执行法的起草与论证（三）[M].北京：中国法制出版社，2014：360.

异议的，人民法院不予支持。因此，符合三个条件的唯一住房不属于责任豁免财产。

关于第三人占有或登记在第三人名下的财产问题。对未登记在义务人名下的动产的处理，登记名义人承认该动产属于义务人所有的，可以采取执行措施。登记名义人否认该动产属于义务人，权利人认为登记虚假的，权利人可以另行提起撤销登记的诉讼。诉讼期间中止执行，经诉讼，人民法院判决撤销登记并转登记至义务人名义下，权利人可以申请恢复执行；权利人的诉讼请求被人民法院驳回的，登记名义人可申请解除已经采取的执行措施。① 如果债务人或第三人认为该财产不属于责任财产，则通过执行异议或第三人异议之诉解决。责任财产的争议本质上属于私人之间的争议，法院并无直接介入的必要，而且责任财产权属争议属于实体争议，执行机关无权在"形式化原则"之外做出判断。② 只有通过完善确权诉讼和撤销权诉讼制度，才能遏制债务人恶意转让财产，确保对债权人权利保护的合法性。

关于法院如何判断财产线索真实性问题。最高人民法院《关于人民法院办理执行案件若干期限的规定》第六条规定，即债权人提供了明确、具体的财产线索的，承办人应当在债权人提供财产状况或线索后五日内进行查证、核实；情况紧急的，应当立即核查。虽然财产线索是否具体、明确的法定标准欠缺，但是该条确定了法院应当审查的期限，我国立法应进一步从程序上要求执行法官对申请人告知核查的结果，并确定实施执行措施的期限。

（四）向法院申请变更、追加被执行人

如果责任财产确定，在执行程序中义务人确无能力履行义务的，经权利人申请可以裁定变更、追加下列人员为被执行人：家庭共有财产的所有人、

---

① 杨荣馨.《中华人民共和国强制执行法（专家建议稿）》立法理由、立法例参考与立法意义[M].厦门：厦门大学出版社，2011：338.

② 王亚新，百晓峰.强制执行中债务人财产调查制度的完善，引自江必新，贺荣.强制执行法的起草与论证（三）[M].北京：中国法制出版社，2014：361.

私营独资企业的投资人、合伙企业的合伙人、派出分支机构的法人；遗产继承人，企业合并或者分立后的义务继受人、企业终止以后的财产无偿接受人；分割家庭财产时侵害权利人利益的义务人的配偶；注册资金不到位的企业开办人、投资人；义务人未依法分立的，分立后存在的法人、准法人组织；诉讼系属后为当事人的利益占有诉讼标的物的人；法律规定应当承担义务的其他人。①

四、民事强制执行申请人调查债务人财产的法律途径

申请执行人查明被执行财产状况有以下几种途径：自行或雇佣私人侦探利用社会征信体系所提供的信息进行调查；要求被执行人出庭回答其对被执行人提出的财产状况的询问；委托律师调查，请求执行机构要求执行义务人出庭协助调查，请求银行、工商、税务等有关政府部门协助调查等。

（一）自行调查

根据《政府信息公开条例》，个人信息不属于公开事项。由于对被执行人财产的调查涉及行政机关的配合和被执行人的个人隐私，一般情况下相关机构不会向申请人提供，在很多情况下，申请执行人很难向人民法院提供被执行人的财产线索或提供全面而有价值的财产线索。当事人本人的调查手段有限，没有法律保障，主要依据一些业务往来情况来了解执行义务人的财产线索。

2002年年底，国家工商总局商标局调整商标分类注册的范围，新增允许

---

① 杨荣馨.《中华人民共和国强制执行法（专家建议稿）》立法理由、立法例参考与立法意义[M].厦门：厦门大学出版社，2011：224.

注册类别包括提供私人保镖、侦探公司等安全服务，但仍未允许颁发营业执照。目前，民间私人侦探等属于法律禁止的经营行业，执行申请人委托私人调查机构调查财产线索不具有合法性。

（二）委托律师调查

申请执行人委托律师调查是法律保障的调查途径。《中华人民共和国律师法》第三十五条规定，律师自行调查取证的，凭律师执业证书和律师事务所证明，可以向有关单位或者个人调查与承办法律事务有关的情况。律师持律师事务所介绍信和公函，可以在公安、工商、民政局、房产登记部门、档案馆等机构查询执行案被执行人的基本信息。

2016年1月12日《最高人民法院关于依法切实保障律师诉讼权利的规定》（法发〔2015〕16号）第六条规定，依法保障律师申请调取证据的权利。律师因客观原因无法自行收集证据的，可以依法向人民法院书面申请调取证据。律师申请调取证据符合法定条件的，法官应当准许。

（三）委托律师申请法院调查令

我国现行诉讼法律中并无调查令制度的规定，根据上海高院于2000年4月14日颁布的《上海法院调查令实施细则（试行）》："调查令是指当事人在民事诉讼中因客观原因无法取得自己需要的证据，经申请并获人民法院批准，由法院签发给当事人的诉讼代理律师向有关单位和个人收集证据的法律文件。"调查令制度的目的在于增强当事人获取证据的能力，减轻法院依职权取证的压力。早在1998年12月上海长宁区人民法院就开始试点推行律师向人民法院申请民事证据调查令制度。2000年4月14日，上海高院颁布了《上海法院调查令实施细则（试行）》。之后山东、北京、江苏、新疆高院也相继在其制定的文件中规定了调查令制度，执行程序同属于司法程序。审判程序中的调查令制度在执行中赋予申请执行人财产调查权，以减轻法院依职权调查被执行人财产的压力。

《北京市高级人民法院关于委托调查制度的若干意见（试行）》中规定，调查令制度包括以下内容：

其一，调查令的申请条件。执行程序中使用调查令调查财产的，必须由申请执行人向人民法院提出书面申请。申请执行人委托代理律师代为申领调查令的，必须有申请执行人的特别授权。申请执行人或其代理律师申领调查令的，必须提供申领人和持令人的身份情况、申请调查财产的目的及其理由、申请调查特定财产的线索等材料。

其二，调查令的审查和签发。执行法官收到申请之后，应当进行审查。只要是与本案有关的申请且没有法定例外的情形，法官应当签发调查令。调查令应当载明执行案件的案号、案件当事人的姓名或者名称、申领人的姓名或者名称、接受调查人的名称、调查收集的财产的范围、调查令的有效期限等内容。

其三，调查令的法律效力。调查令是法律为保障申请执行人的财产调查权而设立的，象征着国家权力，具有相当的法律约束力。[1] 对于被调查人而言，必须履行协助调查义务，积极配合完成调查内容。

除了部分省高院出台的文件外，一些地区的基层法院也在积极试行调查令制度。如浙江金华市婺城区人民法院、深圳市盐田区人民法院、福建莆田区人民法院等。司法实践已经先于立法规定，可见在实践中当事人及代理律师对于包括调查取证权、执行中的财产调查权在内的权利要求强烈，而且从实践效果来讲，以上权利大大提高了审判和执行的效率和效果，更有利于实现当事人的合法权益。[2]

---

[1] 谭秋贵.民事执行原理研究[M].北京：中国法制出版社，2001：301.
[2] 朱晶雯.论申请执行人财产调查权[J].法制博览，2013，12（中）.

五、法院依职权调查财产的法律措施

在民商事案件中，当事人申请或法院认为必要时，法院会依职权进行财产调查。这里主要讨论法院认为必要的调查财产的法律措施。

（一）责令强制被执行人财产申报

对于被执行人未按执行通知履行法律文书确定义务的，执行法院应当要求被执行人限期如实报告财产，并告知拒绝报告或者虚假报告的法律后果。对于被执行人暂时无财产可供执行的，可以要求被执行人定期报告。

根据2011年《最高人民法院关于适用<中华人民共和国民事诉讼法>执行程序若干问题的解释》的规定，人民法院应遵循下列程序：向被执行人发出报告财产令；根据申请执行人提供的财产情况予以告知；执行法院的调查；裁定终结报告程序。《民事诉讼法》第二百四十一条还规定了拒绝报告、虚假报告的惩罚措施，包括罚款和拘留。

（二）报告财产状况与见面制度

被执行人报告财产状况与申请执行人见面制度，以便申请执行人对被执行人报告的财产进行抗辩，有效维护自身合法权益。申请执行人对报告的财产有异议的，可以向法院提出并要求核查。

（三）依职权向相关部门查询

2015年12月，最高人民法院和中国银行业监督管理委员会联合下发了《人民法院、银行业金融机构网络执行查控工作规范》的通知，要求各银行业金融机构总行在2015年12月底前通过最高人民法院与中国银行业监督管理委员会之间的专线，完成本单位与最高人民法院的网络对接工作。

2016年2月底前网络查控功能上线，法院将对被执行人在全国任何一家银行、证券公司的账户、银行卡、存款及其他金融资产，执行法院可直接通过网络方式采取查询、冻结、扣划等执行措施。法院逐步完善与金融、房地产管理、国土资源、车辆管理、工商管理等各有关单位的财产查控网络，细化协助配合措施，进一步拓宽财产调查渠道，简化财产调查手续，提高财产调查效率。

（四）审计调查

被执行人未履行法律文书确定的义务，且有转移隐匿处分财产、投资开设分支机构、入股其他企业或者抽逃注册资金等情形的，执行法院可以根据申请执行人的申请，委托中介机构对被执行人进行审计。审计费用由申请执行人垫付，被执行人确有转移隐匿处分财产等情形的，实际执行到位后由被执行人承担。

重庆市高院出台了《关于在强制执行中实施审计调查若干问题的规定（试行）》，对拒不报告财产的法人采取审计调查的方式，在执行工作中取得了不错的效果。

（五）财产举报悬赏机制

执行法院可以依据申请执行人的悬赏执行申请，向社会发布举报被执行人财产线索的悬赏公告。举报人提供的财产线索经查证属实并实际执行到位的，可按申请执行人承诺的标准或者比例奖励举报人。奖励资金由申请执行人承担。审计执行和悬赏举报是作为调查手段的补充，这两种方式对于制裁被执行人以转移隐匿财产等方式规避执行的效果较好。

对于这两种调查方法的启动，《关于依法制裁规避执行行为的若干意见》明确了根据申请执行人的申请启动的原则，但审计费用和举报奖励资金的承担原则不同。审计费用由申请执行人垫付、实际执行到位后由被执行人承担，是因为发生审计的前提是被执行人既不履行义务又有转移隐匿处分财产的情形，造成被执行人名下无可供执行财产的假象，被执行人有明显过错；而悬赏举报奖励资金因其性质不同则规定由申请执行人承担。[①] 关于悬赏执行的启动以及费用承担等具体程序问题，有待立法进一步完善。

（六）妨害调查的法律措施

其一，搜查。2012年新《民事诉讼法》第二百四十八条规定，被执行人不履行法律文书确定的义务，并隐匿财产的，人民法院有权发出搜查令，对被执行人及其住所或者财产隐匿地进行搜查。采取前款措施，由院长签发搜查令。2014年《最高人民法院关于适用〈中华人民共和国民事诉讼法〉的解释》第四百九十七、四百九十八、四百九十九、五百条规定，搜查人员应当按规定着装并出示搜查令和工作证件。人民法院搜查时禁止无关人员进入搜查现场；搜查对象是公民的，应当通知被执行人或者他的成年家属以及基层组织派员到场；搜查对象是法人或者其他组织的，应当通知法定代表人或者主要负责人到场。拒不到场的，不影响搜查。搜查妇女身体，应当由女执行人员进行。搜查中发现应当依法采取查封、扣押措施的财产，依照《民事诉讼法》第二百四十五条第二款和第二百四十七条规定办理。搜查应当制作搜查笔录，由搜查人员、被搜查人及其他在场人签名、捺印或者盖章。拒绝签名、捺印或者盖章的，应当记入搜查笔录。

其二，强制开启。最高人民法院《关于人民法院执行工作若干问题的规定（试行）》第三十一条规定，在搜查进行中，对被执行人可能存放财务及有关证据材料的处所、箱柜等经责令被执行人开启拒不配合的可以强制开

[①] 遏制和扭转规避执行行为造成的恶劣影响 最大限度地实现生效法律文书确认的债权——最高人民法院执行局负责人答记者问（最高人民法院 2011年6月），中国法院网。http://old.chinacourt.org/html/article/201106/20/454996.shtml.

启。如搜查对象是银行保管箱，应明确银行保管箱的性质是委托保管的性质，同时又有租赁性质。所有权是银行的，但是箱内的财物是委托人所有，可以实施强制开启。强制开启是搜查的一种手段。

其三，传唤与拘传。最高法《执行规定》第二十九条和第九十七条规定，对必须到法院接受询问的被执行人或被执行人的法定代表人，经两次传票传唤后，无正当理由拒不到场的，可以对其拘传。

其四，曝光执行。2013年10月实施的《最高人民法院关于公布失信被执行人名单信息的若干规定》第五条、第六条规定，各级人民法院应当将失信被执行人名单信息录入最高人民法院失信被执行人名单库，并通过该名单库统一向社会公布。各级人民法院可以根据各地实际情况，将失信被执行人名单通过报纸、广播、电视、网络、法院公告栏等其他方式予以公布，并可以采取新闻发布会或者其他方式对本院及辖区法院实施失信被执行人名单制度的情况定期向社会公布。人民法院应当将失信被执行人名单信息，向政府相关部门、金融监管机构、金融机构、承担行政职能的事业单位及行业协会等通报，供相关单位依照法律、法规和有关规定，在政府采购、招标投标、行政审批、政府扶持、融资信贷、市场准入、资质认定等方面，对失信被执行人予以信用惩戒。人民法院应当将失信被执行人名单信息向征信机构通报，并由征信机构在其征信系统中记录。失信被执行人是国家工作人员的，人民法院应当将其失信情况通报其所在单位。失信被执行人是国家机关、国有企业的，人民法院应当将其失信情况通报其上级单位或者主管部门。曝光执行有利于发现被执行人的财产线索，提高执行效率，有利于寻找被执行人，并给被执行造成心理压力，促使其偿还债务。[①]

其五，公安机关协助查扣被执行人。2012年《民事诉讼法》第一百一十四条规定，有义务协助调查、执行的单位有下列行为之一的，人民法院除责令其履行协助义务外，并可以予以罚款，具体包括：有关单位拒绝或者妨碍人

---

① 江必新.民事强制执行操作规程[M].北京：人民法院出版社，2010：144.

民法院调查取证的；有关单位接到人民法院协助执行通知书后，拒不协助查询、扣押、冻结、划拨、变价财产的；有关单位接到人民法院协助执行通知书后，拒不协助扣留被执行人的收入、办理有关财产权证照转移手续、转交有关票证、证照或者其他财产的；其他拒绝协助执行的。

人民法院对有前款规定的行为之一的单位，可以对其主要负责人或者直接责任人员予以罚款；对仍不履行协助义务的，可以予以拘留；并可以向监察机关或者有关机关提出予以纪律处分的司法建议。

公安机关协助执行是其法定义务，对于逃避执行的债务人，公安机关追查手段多样，装备先进。我国已经有地区的公安部门将通过旅馆登记管理系统和查询电信部门电话号码登记地址，协助法院查找被执行人的暂住地址，协助法院申请执行人和其他群众举报逃避执行的被执行人予以临时留置，并根据法院提供的动态被执行人名单，应用政府信息平台做好甄别工作，一旦发现，及时通知法院，法院在两小时内到留置场所处理。①

其六，限制工商登记。2015年12月，全国工商失信被执行人信息共享交换应用系统全面上线运行，以此为基础，工商系统启动了对失信被执行人在公司登记注册环节的任职限制工作。凡因有偿还能力但拒不偿还全部或部分到期债务，被全国各级人民法院列入失信被执行人名单的自然人，将受到信用惩戒，不得在全国范围内担任任何公司的法定代表人、董事、监事和高级管理人员。工商总局和各地工商、市场监管部门的登记注册系统将对其登记申请进行自动拦截，并制发《申请人告知单》，提示其与相关人民法院接洽。②工商监管措施的运用也有利于监控被执行人的企业运营行踪，有利于提供财产线索，并通过信用惩戒起到威慑被执行人的作用。

---

① 江必新.民事强制执行操作规程[M].北京：人民法院出版社，2010：148.
② 佘颖.工商总局：失信被执行人信息共享系统上线[N/OL].中国经济网，2015-12-02.

六、民事强制执行财产调查制度的完善

我国有关民事财产调查方式的规定，因立法技术不成熟，导致条文过于笼统、可操作性不强，执行法院在处理问题时对法律的理解和适用不统一，为被执行人规避法律留下了可乘之机。从目前司法制度来看，提供财产线索的重点责任推向了申请人，而申请人无力查找财产的详细线索，从而使得财产执行很困难。因此，构建完善的财产调查制度，尤其是完善保障债权人财产调查的权利有重要意义。与此同时，立法中还要兼顾各方利益的平衡。

（一）应立法明确债权人及其律师调查债务人财产的程序和手段

目前，执行实践中采用的调查令制度法律属性尚不明确，仅仅在地方高院中实施，尽管2011年最高人民法院印发《关于依法制裁规避执行行为的若干意见的通知》（法〔2011〕195号）鼓励地方法院尝试调查令制度，但是该项制度尚未纳入法定程序。而且，对拒绝或消极对待调查令的行为没有制裁措施，导致调查令制度的效力存在一定局限性，妨碍了财产调查的顺利进行，这些问题应在立法上予以明确。

（二）完善债务人规避执行行为的惩罚措施并与刑事责任相衔接

英美法系国家常见的一种程序是法院可以根据债权人申请向债务人发布命令或令状，强制债务人向债权人开示财产信息，否则即以藐视法庭论处，或者在必要时以命令拘留被告。

我国2012年《民事诉讼法》修改后，应实践要求，专门明确了被执行人有申报财产的义务，并明确了制裁措施，将妨害民事执行的个人，罚款金额从1万元以下提高到5万元以上10万元以下；对单位的罚款从1万元以上30万元以下，提高到5万元以上100万元以下，体现了严惩的思路，但立法并不科学，按照规避金额的比例处罚更具威慑力。

按照规定，对于两次传唤不到的执行义务人，可以进行拘传，对拒不执行的，可以实施司法拘留。目前规定，对于拘留仅有的15天的拘留期限，力度不够，难以形成有效的威慑力。不少被执行人精心计划转移、隐匿财产后法院无法查清其财产状况，也无法取得其隐匿、转移财产的证据。在这种情况下，极少数法院会采取司法拘留措施，在与自己需要承担的巨额债务比较之后，一部分债务人宁可受15天的拘留。对于这些行为，由于司法实践中这类案件很难追究刑事责任，造成了被执行人铤而走险也不愿履行义务的尴尬局面，因此，我国立法应加强对不实申报和隐匿行为的处罚力度，并完善与拒绝执行裁判罪的追诉程序、认定标准和量刑等刑事司法程序的制度衔接。

（三）民事调查程序立法要兼顾对债务人基本权利的保障

民事执行制度要协调平衡各种关系，既要使债权得到受偿又要保护弱者，既要保护个人隐私又要强调获取债务人信息的重要性。对于执行程序采用的一些调查手段，可能涉及被执行人的通讯自由权、信用信息自主权、隐私权甚至生存权。因此，对于被执人的财产信息和个人信息的使用应限定使用范围，规定执行法官对债务人的资料信息负有保密义务。立法中除了应考虑与宪法和其他法律规定之间的衔接问题，应借鉴其他国家法律，"对于不同执行方法的使用应当有个序位，应符合民事诉讼相称性原则"，避免"有效执行第一，债务人保护第二"的错误观点[①]。同时，在立法中应完善执行复议、执行异议和第三人异议之诉等法律救济措施。

---

① 张永红.英国强制执行法[M].上海：复旦大学出版社，2014：30.

第二编

被执行人财产的查明和执行

一、对企业流动资产的查明与执行

企业和个人的主要区别在于，一家企业必须按照财务制度进行财务管理，而个人的资产则完全按照个人的意愿进行管理。企业的财务资料主要包括资产负债表、损益表、账簿、账册等。这些财务资料一般都可以通过不同的方法和渠道进行查询，被执行企业的财务资料为我们的强制执行工作指明了方向。

资产负债表是企业最主要的一份财务资料。资产负债表中的"资产"类科目所涉及的内容就是我们努力寻找的可以执行的财产，下面先介绍针对"流动资产"的查明和执行方法。

（一）企业货币资金的查明与执行

企业的货币资金主要以现金和银行存款这两种方式存在。企业应该分别设立"现金日记账"和"银行日记账"对现金和银行存款进行记账核算。

"信用证开证保证金"和"承兑汇票保证金"是两种计入"货币资金"科目进行核算具有特殊性质的银行存款，我们将对此进行重点的介绍。

1. 信用证开证保证金

信用证，又称银行信用证，是银行以自身信誉向卖方提供付款保证的一种凭证，是国际货物买卖中常用的付款方式，也是我国对外贸易中常用的付款方式。

信用证交易和买卖合同属于两个不同的法律关系。信用证是一种独立于买卖合同的单据交易，只要卖方所提交的单据表面上符合信用证的要求，开证银行就负有在规定的期限内付款的义务。如果单证不符，开证银行有权拒付。

企业为了取得信用证，一般会按银行的规定存入保证金。这种保证金就称为"信用证开证保证金"，是企业向银行申请对国外（境外）方开立信用证而备付的具有担保支付性质的资金。既然信用证开证保证金在法律上被定性为一种具有担保性质的资金，那么我们可以明确：信用证开证保证金和其他担保物一样属于企业所有；可以依法申请法院对被执行人的信用证保证金采取执行措施。

我们应该如何查明被执行企业的信用证开证保证金呢？方法有二：

第一，查账法。

企业向银行交纳信用证开证保证金后，应该根据银行返回的进账单第一联，借记"其他货币资金——信用证保证金存款"科目，贷记"银行存款"科目。根据开证行交来的"信用证来单通知书"及有关单据列明的金额，借记"库存商品"、"应交税金——应交增值税（进项税额）"等科目，贷记"其他货币资金——信用证保证金存款"和"银行存款"科目。

比如，某小企业要求银行对境外销售机构开出信用证6万元，半月后收到境外销售机构信用证结算凭证及所附发票账单5.85万元（其中货款5万元，增值税8500元）。

开出信用证时：

借：其他货币资金——信用证保证金6万元；贷：银行存款6万元。

根据发票账单报销时：

借：材料5万元；应交税金——应交增值税（进项税额）8500元；贷：其他货币资金——信用证保证金5.85万元。

余额转回：

借：银行存款1500元；贷：其他货币资金——信用证保证金1500元。

通过分析企业如何对信用证开证保证金进行财务处理，我们可以发现，应该在"其他货币资金"科目或"银行存款"科目中查找信用证开证保证金，当然也可以从被执行企业的"银行日记账"中进行查找。这种方法就是我们常说的"查账法"。

第二，银行账户普查法。

如果已经查明被执行企业在银行存有信用证开证保证金，我们接下来要做的就是申请法院冻结该保证金。但是在对信用证开证保证金采取扣划措施时，应当保证银行的优先权。具体操作中可能会遇到以下几种情况：

其一，如果开证银行已经履行了对外支付义务，根据该银行的申请，人民法院应当立即解除对信用证开证保证金相应部分的冻结措施。

其二，如果申请开证人提供的开证保证金是外汇，当事人又举证证明信用证的受益人提供的单据与信用证条款相符时，人民法院应当立即解除冻结措施。

其三，如果发生因为信用证无效、过期，或者因单证不符而被银行拒付信用证款项并且免除了银行对外支付义务的情况，或者银行正常付出了信用证款项并从信用证开证保证金中扣除相应款额后尚有剩余，此时信用证开证保证金账户存款已经丧失了保证金的功能，我们就可以依法申请法院采取扣划措施。

2. 承兑汇票保证金

所谓承兑汇票保证金，是指商家在向银行申请开具承兑汇票时，银行所收取的一定金额的保证金。保证金的金额，根据商家在银行的信誉度确定，一般为30%~60%。保证金的形式可以是现金，也可以是商家在银行的存款。在保证银行所享有的优先权的前提下，我们可以对被执行企业的承兑汇票保证金采取执行措施。

由于承兑汇票保证金是一种具有担保性质的资金，因此我们可以申请人民法院依法对银行承兑汇票保证金采取冻结措施，但在扣划时应当保证银行的优先受偿权。

如果金融机构已经对汇票进行了承兑或者已经对外付款，根据金融机构的申请，人民法院应当解除对银行承兑汇票保证金相应部分的冻结措施。

如果银行承兑汇票保证金已经丧失了保证金的功能，我们就可以据《最高人民法院、中国人民银行关于依法规范人民法院执行和金融机构协助执行的通知》（法发〔2000〕21号）申请人民法院依法采取扣划措施。

尽管在扣划承兑汇票保证金时银行享有优先受偿权，但是查封被执行人的承兑汇票保证金还是十分必要的。在正常情况下，一旦出票人的保证金被查封，银行为了避免承担不利的法律后果，会对被执行人所有尚未承兑的汇票采取拒绝承兑的措施。除非出票人在银行指定期限内补足保证金，但此时银行一般会提高保证金的比例，甚至要求企业提供100%的保证金。一旦银行拒绝承兑，那么被银行拒绝承兑的那些汇票所对应的保证金就失去了担保的功能，我们就可以申请法院对这部分保证金采取扣划措施了。

例如：被执行人在银行存入了30万的承兑汇票保证金，银行共为其开出了两张50万元的承兑汇票，其中一张50万元的汇票银行已经承兑。另一张50万元的汇票持票人到银行请求承兑时，银行发现承兑汇票保证金已经被法院查封了，于是拒绝承兑。此时30万元的保证金中的15万就丧失了保证金的功能，我们就可以申请法院对这15万元的保证金采取扣划措施了。

既然承兑汇票保证金在强制执行中有着一定的作用，那么在执行调查时，只要发现对方存在向银行申请承兑汇票的情况，我们就应该敏锐地意识到被执行企业可能在银行存有开票保证金，从而进行有针对性的调查。同样的，我们应该对承兑汇票的财务处理有所了解。根据不同的情况，承兑汇票的财务处理会有以下几种方式：

开出承兑汇票存入保证金时——借：银行存款—保证金户；贷：银行存款。

在企业用承兑汇票支付购货款后——借：原材料（或库存商品），应交税费—应交增值税（进项税额）；贷：应付票据。

在企业用承兑汇票支付以前欠款时——借：应付账款；贷：应付票据。

在票据到期银行进行承兑后——借：应付票据；贷：银行存款—保证金户。

在了解了承兑汇票的财务处理方法之后，我们就可以有针对性地运用查账法来查明被执行企业是否存在承兑汇票保证金。

除此以外，还可以通过对企业的银行账户进行全面的执行调查，来查明保证金的具体情况。

（二）短期投资科目中"委托贷款"的查明和执行

短期投资是指可以随时兑换成现金并且预计持有时间不超过一年的投资，实物上一般是企业购买的股票、债券、国库券等有价证券。

短期投资科目中的股票、债券、国库券等有价证券的查明与执行可以查阅本书的有关内容，在此不再赘述。但是在企业的短期投资中有一种资产是值得我们特别关注的，那就是"委托贷款"。

所谓委托贷款，是指由委托人提供资金，受托银行根据委托人确定的贷款对象、用途、金额、期限、利率等代为发放、监督使用并协助收回的一种贷款业务。商业银行开办这项业务时只收取手续费，不承担任何形式的贷款风险。

不难发现，在委托贷款业务中，银行只是债权人的委托人，委托人才是真正的债权人。既然贷出的是企业的钱，那么人民法院就可以对被执行人在委托贷款账户上的存款采取执行措施。对委托存款账户可以冻结，是否划拨，应当根据余额决定。

我们同样可以用"查账法"来查明被执行企业的委托贷款。根据《企业会计制度》的规定，企业的委托贷款应视同短期投资进行核算。但是，委托贷款应按期计提利息，计入损益；企业按期计提的利息到付息期不能收回的，应当停止计提利息，并冲回原已计提的利息。期末时，企业的委托贷款应按资产减值的要求，计提相应的减值准备（参见《企业会计制度》第二章第十六条）。

在实际的操作过程中对于一年期（包括一年）以下的委托贷款，在企业"短期投资"科目下进行核算。而一年以上的委托贷款则比较复杂，需要设置"长期债权投资—其他长期债权投资（本金、应计利息）"科目进行核算。

除了查阅财务资料，我们还可以通过普查企业的银行账户来判断企业是否存在委托贷款。但有些银行为了不正当地保护客户的利益，在法院调查委托人的银行存款时会以该账户是委托贷款账户为由进行搪塞，这时我们应该据理力争。

同时我们应该注意，在查询这类存款时必须要求金融机构提供一个准确的存款数，也就是账号上的存款数减去委托贷款数后的数额。如果有必要，应当要求银行提供被执行人总的委托存款和贷款数。但是大家一定要注意，委托存款的数目只能大于委托贷款数目，而且一般也是存款数目大于贷款数目的。

另外我们还应该注意，在查询这类存款时金融机构给出的资料只能反映前一天的情况，所以我们还应该要求银行提供该账户当天发生的存贷记录。

如果要彻底防止金融机构作弊，我们就必须结合银行给出的情况，找贷款户核实，或者到人民银行通过调查票据交换的情况核实其真伪。

（三）应收票据的查明与执行

"应收票据"科目核算企业因销售商品、产品、提供劳务等而收到的商业汇票，包括银行承兑汇票和商业承兑汇票。很明显，应收票据是指企业持有的、尚未到期兑现的商业票据，千万不能把应收票据理解为"应该收取但还没有收到的票据"。

根据企业会计准则的规定，企业不仅应该按照债务人设置三栏式明细账，对应收票据科目进行明细分类核算，而且应该设置应收票据备查簿，逐笔登记每一张应收票据。应收票据备查簿应该详细根据票据的种类、号码和出票日期、票面金额、票面利率、交易合同号和付款人、承兑人、背书人的姓名或单位名称、到期日、背书转让日、贴现日期、贴现率和贴现净额、未计提利息，以及收款日期和收回金额、退票情况等资料。应收票据到期结清票款或退票后，应当在备查簿内逐笔注销。

因此，查明应收票据关键是要找到被执行企业的应收票据明细账和应收票据备查簿。一旦根据应收票据明细账和应收票据备查簿发现了被执行企业持有票据，可以请求法院强制对方交出所持的票据。

值得注意的是，在通过强制执行取得票据之后完全没有必要坐等票据到期，而应该及时贴现，以抵偿债务。

（四）应收账款的查明与执行

"应收账款"是伴随企业的销售行为而形成的一项债权，具体讲"应收账款"就是企业在销售商品、材料、提供劳务后，应该向购货单位收取的但是尚未收取的款项。代垫的运杂费和已经到期而未能收到款的商业承兑汇票也应该计入应收账款。查明应收账款的方法有以下两种：

第一，查账法。

企业通常都设置有"应收账款明细账"，按照购货单位对应收账款进行明细核算。通过认真查阅应收账款明细账，可以很方便地查明被执行企业到底还有多少应收账款。所以我们在进行执行调查时，应该要求被执行人交出应收账款明细账，然后根据应收账款明细账的记录查明被执行企业还有多少应收账款没有收回。一旦查明了被执行企业应收账款的情况，我们就可以采取相应的执行措施。

第二，函调法。

在强制执行实务中被执行人往往会藏匿或者拒不交出"应收账款明细账"，这时我们应该怎么办呢？

被执行企业与客户之间的业务往来不会莫名其妙地戛然而止，而应收账款的产生与销售行为的发生又是密切相关的，只要查明企业的销售情况，再结合企业的资金收入情况，通常就可以确认被执行企业还有多少应收账款。具体操作中我们常常采用函调法来调查被执行企业的应收账款。

所谓函调法，就是根据企业现金账或者银行往来账的记载，整理出一份被执行企业的客户清单。然后按照这份清单向被执行企业的客户发出律师函，要求这些客户确认还有多少款项没有支付给被执行企业。

执行企业的应收账款实际上是对被执行人的债权进行执行，具体的执行方法请参阅对第三人的执行。

（五）预付账款的查明与执行

现在来讲一下"预付账款"，通俗点讲，预付账款就是你暂存在人家那里的钱。预付账款在法律上可以定性为一种债权，是由购货方预先支付一部分货款给供应方而发生的。预付账款一般包括预付的货款、预付的购货定金，施工企业的预付工程款、预付备料款等。

对被执行企业的预付账款进行执行调查的主要方法也是查账法。根据规定，企业应该设置"预付账款"会计科目，核算企业按照购货合同规定预付给供应单位的款项。预付账款科目的期末借方余额反映了企业实际预付的款项，期末如为贷方余额则反映企业尚未补付的款项。预付账款科目应按供应单位设置明细账，进行明细核算。

"预付账款"科目的财务记载主要有以下几种情况：

企业因购货而预付的款项——借：预付账款；贷：银行存款。

企业收到所购物资时——借：物资采购或原材料、库存商品、应交税金、应交增值税（进项税额）；贷：预付账款。

根据预付账款科目的财务记账情况，我们一般可以通过调取预付账款明细账、或者核查银行存款、预付账款科目下的财务凭证来查明被执行企业的预付账款情况。

就具体的执行措施而言，我们应该注意到，尽管预付账款是预先付给供货方客户的款项，也是公司债权的组成部分，是可以强制执行的财产，但是作为流动资产，预付账款不是用货币抵偿的，而是要求第三方在短期内以某种商品、提供劳务或服务来抵偿。因此我们不可以盲目地要求案外人返回已经收到的"预付账款"。

（六）应收出口退税的查明与执行

如果被执行企业是一家外贸企业，那么一般都会存在应收的出口退税。尽管我们没有理由要求税务机关直接划拨被执行人应当得到的退税款项。因为出口退税款在国家税务机关审查批准后，须经特定程序通过国库办理退库手续，才能退给出口企业，所以国家税务机关只是企业出口退税的审核、审批机关，并不持有退税款项。

但是我们可以向法院提出申请，要求税务机关提供被执行人在银行的退税账户、退税数额及退税时间等情况，并依据税务机关提供的被执行人的退税账户，依法通知有关银行对需执行的款项予以冻结或划拨。

因此在进行执行调查时也应该对被执行企业的应收出口退税情况进行查明，查明应收出口退税有两种方法：

第一，查账法。

企业对应收出口退税的财务处理较为复杂。因为目前为止还有部分企业在执行着企业会计制度（或小企业会计制度），所以现在对出口企业退税款的账目处理主要有如下两种情况：

如果企业仍执行企业会计制度，标准的做法是：

企业当期未收到时——借：应收账款、应收出口退税款（增值税）；贷：应交税金、应交增值税（出口退税）。

企业实际收到时——借：银行存款；贷：应收账款、应收出口退税款（增值税）。

如果企业执行的是企业会计准则的话，那么目前的标准做法是将出口退税款计入到"其他应收款、应收出口退税款（增值税）"中（因为企业会计准则取消了"应收补贴款"这个科目）。

企业当期未实际收到退税款时——借：其他应收款、应收出口退税（增值税）；贷：应交税费、应交增值税（出口退税）。

企业实际收到时——借：银行存款；贷：其他应收款、应收出口退税款（增值税）。

不难看出，执行企业会计制度的企业是将应收出口退税计入"应收账款"科目的，而执行企业会计准则的企业则是在"其他应收款、应收出口退税"科目中进行核算的。

换句话来说，对于执行企业会计制度的被执行企业应该到"应收账款"科目里去找应收出口退税，而对于执行企业会计准则的则应该到"其他应收款—应收出口退税"科目中去找应收出口退税，这一点在查账时必须注意。

第二，到税务机关进行调查。

税务机关全面掌握着被执行企业的出口退税情况，因此我们应该通过税务机关来进行调查。一般来讲，律师应该持法院调查令或者直接要求人民法院进行调查。

（七）行业保证金、招投标保证金等其他应收款的查明与执行

行政管理部门、行业协会、龙头企业都可能向企业收取保证金。此类保证金的具体门类和名目繁多，如旅行社质量保证金、燃气行业保证金、担保行业自律履约承诺保证金、无船承运人保证金、大型商场向商户收取的保证金、农民工工资保证金、建设工程质量保证金、招投标保证金、淘宝保证金等。

有些保证金的金额是很可观的，例如无船承运人保证金金额为80万元人民币，每设立一个分支机构必须增加保证金20万元人民币。

查明这些保证金有三种方法：

第一，查账法。

对于这些门类繁多的保证金，企业应当计入"其他应收款"科目，但企业一般不会设立明细账对其进行核算，所以我们必须认真翻阅财务凭证，来查明具体情况。

第二，到相关部门进行调查。

知己知彼方能百战百胜，我们首先应该对被执行人所从事的行业有所了解。如果被执行人所从事的行业是实行保证金制度的，那么就应该到有关的部门进行调查。一般可以由律师持法院签发的调查令进行此类调查。

第三，查询保证金专门账户。

有些保证金应当向中国境内的银行开立专门账户交存，比如无船承运人保证金。对于此类保证金，我们在查询企业银行账户时应该一并进行查明。

至于如何执行这些保证金，应当根据具体情况来采取执行措施。一般来讲对此类保证金都可以采取查封等控制性措施，但是只有在这些保证金丧失了保证功能之后才能采取扣划措施。

当然在保证金担保范围之内的执行案件是可以直接划扣的，比如对农民工工资争议案件，就可以直接执行"农民工工资保证金"。

又根据《最高人民法院关于执行旅行社质量保证金问题的通知》（法〔2001〕1号）的规定，人民法院在执行涉及旅行社的案件时，遇有下列情形而旅行社不承担或无力承担赔偿责任的，可以执行旅行社质量保证金：

（1）旅行社因自身过错未达到合同约定的服务质量标准，造成旅游者的经济权益损失；

（2）旅行社的服务未达到国家或行业规定的标准，造成旅游者的经济权益损失；

（3）旅行社破产后造成旅游者预交旅行费损失；

（4）人民法院判决、裁定及其他生效法律文书认定的旅行社损害旅游者合法权益的情形。

除上述情形之外，不得执行旅行社质量保证金。同时需注意，执行涉及旅行社的经济赔偿案件时，不得从旅游行政管理部门行政经费账户上划转行政经费资金。

（八）应收退税款、补贴款的查明与执行

我国存在大量的税收优惠政策和财政补贴政策。一般来讲，每个企业都或多或少会享受一些税收优惠政策和财政补贴。

税收优惠的方式一般有"征收优惠"和"税收返还"两种。征收优惠是在企业缴付税款时采取直接少缴、免缴的方式给予优惠。税收返还是企业先足额缴纳税款，然后再按一定比例向企业返还部分税款。在税收返还这种税收优惠模式下，应当返还的税款就是企业的债权，因此可以对其进行强制执行。

应收退税款、补贴款在法律上属于企业的债权。如果这种债权没有到期，我们只能申请法院采取扣留、禁止提取等控制性的执行措施。如果已经到期，则可以申请法院向相关单位发出协助执行书，要求有关单位协助扣划。

值得注意的是，税务机关对此类退税是否有协助法院直接扣划的义务，各个地方的做法是不一样的，对此应该积极地与税务机关进行沟通。

这些税收优惠政策所对应的应收退税款一般反映在企业的财务报表中的"其他应收款"或者"应收补贴款"科目中。下面解释具体的调查方法。

第一，查账法。

查账法，适用于财务制度健全的被执行企业。税收申报表是企业必须提交的税收申报资料，我们应该收集被执行企业一段时间的税收申报表进行分析整理，特别应当注意查找税收优惠明细表。找到被执行企业的税收优惠明细表，就可以对企业所享有的税收优惠有全面的了解，从而计算出企业还有多少退税款没有收到。税收优惠明细表的样式如表1所示。

表1　税收优惠明细表

填报时间：　年　月　日　　　　　　　　　　　金额单位：　元（列至角分）

序号	项目	金额
1	一、免税收入（2~5）	
2	国债利息收入	
3	符合条件的居民企业之间的股息、红利等权益性投资收益	
4	符合条件的非营利组织的收入	
5	其他	
6	二、减计收入（7~8）	
7	企业综合利用资源，生产符合国家产业政策规定的产品所取得的收入	
8	其他	
9	三、加计扣除额合计（10~13）	
10	开发新技术、新产品、新工艺发生的研究开发费用	
11	安置残疾人员所支付的工资	
12	国家鼓励安置的其他就业人员支付的工资	
13	其他	
14	四、减免所得额合计（15~32）	

15	（一）免税所得（16～24）	
16	蔬菜、谷物、薯类、油料、豆类、棉花、麻类、糖料、水果、坚果的种植	
17	农作物新品种的选育	
18	中药材的种植	
19	林木的培育和种植	
20	牲畜、家禽的饲养	
21	林产品的采集	
22	灌溉、农产品初加工、兽医、农技推广、农机作业和维修等农、林、牧、渔服务业项目	
23	8、远洋捕捞	
24	9、其他	
25	（二）减税所得（26～28）	
26	花卉、茶以及其他饮料作物和香料作物的种植	
27	海水养殖、内陆养殖	
28	其他	
29	（三）从事国家重点扶持的公共基础设施项目投资经营的所得	
30	（四）从事符合条件的环境保护、节能节水项目的所得	
31	（五）符合条件的技术转让所得	
32	（六）其他	
33	五、减免税合计（34～38）	
34	（一）符合条件的小型微利企业	
35	（二）国家需要重点扶持的高新技术企业	
36	（三）民族自治地方的企业应缴纳的企业所得税中属于地方分享的部分	
37	（四）过渡期税收优惠	
38	（五）其他	
39	六、创业投资企业抵扣的应纳税所得额	
40	七、抵免所得税额合计（41～44）	
41	（一）企业购置用于环境保护专用设备的投资额抵免的税额	
42	（二）企业购置用于节能节水专用设备的投资额抵免的税额	
43	（三）企业购置用于安全生产专用设备的投资额抵免的税额	

44	（四）其他	
45	企业从业人数（全年平均人数）	
46	资产总额（全年平均数）	
47	所属行业（工业企业其他企业）	

经办人（签章）：　　　　　　　　　法定代表人（签章）：

第二，间接调查法。

实践中，由税务机关直接进行退税的情况并不多，大量的税收优惠政策是由政府部门以财政补贴的方式进行返回的，由负责招商的公司进行返回的情况也十分普遍。同时，很多企业对应收的返回款并不记账。在这种情况下，就有必要采用间接调查法。

所谓间接调查法，就是到企业注册地的相关政府部门或者负责招商的公司以投资考察为名，调查、了解当地都有些什么招商优惠政策。

实践中，经常碰到有关单位为了地方利益，对律师或者法院的调查推诿甚至拒绝的情况。如果事先已经了解了当地都有些什么招商优惠政策，我们就可以根据间接调查所取得的资料，进行有针对性的调查。

第三，账户查询法。

有关部门在支付税收优惠的返回款时，一般采取贷记凭证的方式直接汇入企业的某个银行账户（一般就是企业的缴税专用账户）。因此，我们可以在查询企业缴税专用账户时要求银行打印缴税专用账户的对账单。如果对账单反映出被执行企业以前曾经收到过退税款，我们就可以据此推算出企业应收退税款的情况。

二、对企业固定资产的查明与执行

和流动资产相对应的是企业的固定资产。固定资产是财务上的概念，在法律上可以将固定资产分为动产和不动产。

（一）如何查明被执行企业的机器、设备

企业的机器、设备是比较容易变现的执行标的物，我们一般可以采取"三步走"的方法来查明被执行企业的机器，设备。

第一步：现场调查。

在开始向法院正式提出强制执行前，我们就应该先到被执行企业的工作或者生产场所进行调查。在调查中，我们应该充分使用照相、录像等方法固定证据，我们也可以采取向被执行企业的员工或者其他知情人进行询问的方式来进行调查。实践中，向被执行企业租赁场地的出租方进行查询，往往会取得意想不到的效果。

第二步：查账。

通过查账，我们可以完整地掌握被执行企业购买或者变卖机器设备的情况，同时也可以查明被执行企业是否存在转移资产的情况。在被执行企业不配合的情况下，我们应该及时向法院申请调查令，要求企业的财务人员配合调查，一般来说，企业财务人员的配合程度还是很高的。

第三步：申请法院搜查来查明被执行企业的机器设备。

在查明被执行企业的机器设备之后，我们必须及时申请法院采取查封、扣押等执行措施，然后再申请法院采取拍卖、变卖、或抵债等变价措施。

（二）如何查明与执行企业的车辆

经常看到有的被执行的企业穷得叮当响，可老板却开着豪车到处跑。这些老板其实蛮有法律意识的，他们会振振有词地教导债权人："欠你钱的是企业，我个人又没有欠你一分钱，凭什么我就不能开好车？"

真的是这样吗？

经过细心的调查，我们发现由于这些豪车价格昂贵，动辄几十万、上百万，老板们在购车时一般都是拿着自己企业的支票到4S店支付车款，而把车登记在自己名下，平时车辆的保险、修理费用也是由自己企业支付（这实际上也是老板们逃税的一种手段）。

首先，公安机关登记的车主不宜作为判别机动车所有权的依据。根据现行机动车登记法规和有关规定，公安机关办理的机动车登记是准予或者不准予上道路行驶的登记，不是机动车所有权的登记。[①] 实际上，车辆管理部门办理的登记根本不是"过户"，只是一个习惯的说法而已。

其次，法律只是规定船舶、民用航空器所有权的变动应当登记，未经登记的不得对抗第三人，但车辆并不在此列。

《民法通则》规定："按照合同或者其他合法方式取得财产的，财产所有权从财产交付时起转移，法律另有规定或者当事人另有约定的除外。"也就是说，除非法律有特别的规定，或者当事人之间有专门的约定，否则财产交付给对方的时候，财产的所有权就转移到对方名下了。

目前我国法律涉及财产所有权转移的特别规定有两项：一是船舶，《海商法》第九条第一款规定："船舶所有权的取得、转让和消灭，应当向船舶登记机关登记；未经登记的，不得对抗第三人。"二是民用航空器，《民用航空法》第十四条第一款规定："民用航空器所有权的取得、转让和消灭，应当向国务院民用航空主管部门登记；未经登记的，不得对抗第三人。"这

---

① 《公安部关于确定机动车所有权人问题的复函公交管〔2000〕98号》。

两部法律只是规定船舶、民用航空器所有权的变动应当登记，未经登记的不得对抗第三人，但车辆并不在此列。

如果财务凭证表明是企业支付了购车款，那么就足以判断企业和4S店之间存在购车合同关系，而基于这种合同关系，车辆的所有权应当归于企业。

再来看看最高院的意见。有关执行案件中车辆登记单位和实际出资购买人不一致的问题，最高院早在2000年11月专门答复过上海市高院。最高院认为，如果能够证明车辆实际出资购买人与登记名义人不一致，不应确定登记名义人为车主，而应当依据公平、等价、有偿原则，确定归第三人（实际出资人）所有。[①]

该答复实际上否定了以车辆管理机关的登记为所有权登记的说法。

看到这里，相信你已经明白了，我们能够理直气壮地告诉那些老板：用企业的钱买的豪车所有权是企业的，就可以强制执行！

（三）企业拥有哪些不动产

我国法律规定的不动产包括四类：土地、建筑物、构筑物、添附于土地和建（构）筑物的物。

就土地而言，企业只能拥有土地的使用权，因为在我国土地的所有权只能归于国家或者农村集体经济组织。所以我们只能对土地的使用权进行强制执行，千万不能对土地的所有权进行强制执行。

按照土地所有权的不同，土地使用权被相应地分为"国有土地使用权"和"集体土地使用权"两大类。

国有土地使用权又分为"划拨土地使用权"和"出让土地使用权"两种。这是按照国有土地使用权取得的方式不同所作的分类，这两种土地使用权都可能被企业所拥有。

集体土地使用权的分类是按照土地的用途来划分的，包括农用地使用权

---

① 〔2000〕执他字第25号。

（主要就是指承包经营权）、宅基地使用权、非农经营用地使用权、非农公益用地使用权四类。企业特别是农村集体经济投资的企业可能会拥有农用地使用权和非农经营用地使用权。

就建筑物而言，企业可能会拥有合法的房产，也可能拥有的是在建工程。

（四）国有土地使用权的查明

国有土地使用权的查明可以采用下列办法：

第一，普查法。

土地管理法规定，单位和个人使用的国有土地，由县级以上人民政府登记造册，核发证书，确认使用权。因此我们可以到土地行政管理部门对被执行企业是否拥有国有土地使用权进行普查。

第二，查账法。

通过查阅单位的财务报表也可以查明被执行人是否拥有国有土地使用权。首先，我们应当查阅被执行企业的资产负债表，看"固定资产"科目项下是否有关于国有土地使用权的记载。其次，我们应当仔细查阅被执行企业的支付凭证，以查明是否存在支付土地出让金的相关凭证。然后，应当查明是否存在转让国有土地使用权的交易行为。如果存在这种交易，就应当进一步查明是否存在无偿转让或以明显不合理的价格低价转让的行为。

第三，搜查法。

当发现被执行企业有可能藏匿土地使用权证等相关证照以逃避执行时，我们可以通过申请法院采取搜查措施。一旦在搜查中发现了被执行企业的国有土地使用权证，我们就可以采取下一步执行措施。

（五）强制执行国有土地使用权时应该注意的几个问题

对国有土地使用权一般采取强制拍卖的方式来执行，而且执行程序要求相对严格，在具体实施过程中，要牢牢把握"有效查封，合法评估，公正拍卖，及时移转"这16个字。

第一，有效查封。

首先，查封必须及时。一旦查明对方拥有土地使用权就必须在第一时间申请法院予以查封。不论土地使用权被抵押与否；不论土地使用权是被执行人单独所有还是与案外人共同所有；也不论是否存在在建工程都是可以查封的。所谓及时，是指只要在债务人尚未来得及对其土地使用权进行处分前查封都是及时的，否则债务人为了逃避执行，极有可能将土地使用权出租、变卖或对其他债务进行抵押，这将造成执行上的困难甚至不能执行。

其次，查封申请书的内容必须具体。在申请书中必须写明所查封的土地的具体方位和面积（有地上建筑物、构筑物的也应注明面积和概况），注明土地使用证编号；请求法院采取的措施要具体明确，不能只简单地表述为"请求法院予以查封"，而应该明确写明"请求法院以封条或张贴布告的方式予以查封，同时向有关管理机关发出协助执行通知书，要求其不得办理查封财产的转移过户手续"。否则就不得对抗其他人民法院的查封，而且容易给债务人以可乘之机，造成恶意串通转移资产规避执行的后果。

最后，事后一定要进行检查。可以到地块进行实地检查，并将张贴的封条和布告的情况用拍照或者录像的方法进行记录；有必要也可到土地管理部门进行查询，并保留相应的查询记录。这样做，一方面可以检查法院和土地管理部门是否实际落实了查封措施，另一方面也为主张查封的效力保留了有力的证据。

第二，合法评估。

我们都知道，在对土地使用权进行拍卖前"应当委托依法成立的资产评估机构进行价格评估"，那么什么样的评估机构才称得上是"依法成立"的呢？

请记住这个机构，它叫做"国务院清理整顿经济鉴证类社会中介机构领导小组"。所谓"依法"就是指依照这个机构发布的"国清〔2000〕3号"文件这个法。该文件规定，"涉案标的物及房地产、土地等价格，鉴证结果有关部门应予认可"。因此，只有各地物价局的价格认证中心才称得上是"依法成立的资产评估机构"，只有经其认定的价格才能成为拍卖或者抵偿债务的参考依据。

而且，必须将认证结果及时送达被执行人。因为根据国清〔2000〕3号文件精神和有关法律规定，如果被执行人对认证的价格有异议，可以向法院提出申请，要求该认证中心的上级认证机构进行复核。

第三，公正拍卖。

应根据《拍卖法》第十一条、第十二条的规定对受托企业进行审查，只有符合法定条件的拍卖企业，才有资格成为受托对象。

对拍卖依法进行监督是公正拍卖的保证。必须对拍卖的全过程实施监督，监督的内容应定位在对拍卖程序的审查上，确保拍卖活动合法有效。

务必记住，政府对土地使用权享有优先购买权和限价权！当土地使用权转让价格低于基准地价或标定地价一定比例时，城市人民政府就有权行使优先购买权；当土地使用权转让的市场价格出现不合理上涨时，城市人民政府有权采取措施进行调控，必要时可实行限价措施。

当然，拍卖企业应当对其拍卖活动的真实性、合法性负全部的法律责任。

第四，及时转移。

拍卖成交后，执行法院应及时将拍卖标的物转移给买受人。法院有协助买受人合法占有标的物的义务，必要时应当要求法院会同有关方面的力量将土地非法占有者清除出场。

法院有协助买受人办理产权证照义务，拍卖成交后，法院应当及时做出裁定，并向土地管理部门发出协助执行通知书，请求土地管理部门依法协助办理土地使用权的过户手续。

（六）非农经营用地使用权的查明与执行

非农经营用地使用权是指经审批，由农村集体经济组织通过投资的方式向符合条件的从事非农生产经营性活动的用地者提供的集体土地使用权。

在符合乡（镇）土地利用总体规划的前提下，农村集体经济组织一般会以三种方式进行非农经营用地的流转：

其一，非农经营用地使用权提供给由农村集体经济组织设立的独资企业从事生产经营活动，土地使用权由该集体经济组织或企业享有。

其二，将非农经营用地使用权以作价入股、出资，以及联营的形式与其他单位、个人设立公司或者合伙企业。在这种情况下，土地使用由该企业享有。

其三，将非农经营用地使用权以联营的形式与其他单位、个人设立的非法人联营企业，其土地使用权仍由该集体经济组织享有。

由此可见，只有农村集体经济组织、农村集体经济组织设立的独资企业、农村集体经济组织享有投资权益的企业这三类主体可能拥有"非农经营用地使用权"。当被执行人是这类主体时，一定要对其是否拥有非农经营用地使用权进行充分的调查。

具体的查明方法有三种：

其一，县级人民政府进行普查。 根据土地管理法的规定，农民集体所有的土地依法用于非农业建设的，由县级人民政府登记造册，核发证书，确认使用权。可见"非农经营用地使用权"是由县级人民政府进行确权登记的，所以我们应当到被执行单位所在的县级人民政府进行普查，以查明被执行人是否拥有非农经营用地使用权。

其二，查阅工商登记资料。 投资是取得非农经营用地使用权的唯一方式，而在农村集体经济组织将非农经营用地使用权以作价入股或者出资的形式与其他单位或者个人设立公司的情况下，必须依法进行工商登记。因此我们只要通过查阅被执行企业的工商登记资料，就可以很方便地查明被执行人是否拥有非农经营用地使用权。

其三，实地调查。通常来说，拥有非农经营用地使用权的企业的经营地很可能就是在他们拥有非农经营用地使用权的这块土地上。所以，针对此类企业进行强制执行时，应该到他们的经营地进行实地调查，以查明其经营地的土地使用权的权属情况。

（七）非农业经营土地使用权的被执行

尽管法律规定，不是农村集体经济组织投资设立的企业不得申请取得或者继受取得非农经营用地使用权，而且非农经营用地使用权也不得转让、出租，但是法律又规定，因为企业破产、兼并、分立等情形致使土地使用权依法发生转移的，不属于本农村集体经济组织投资设立的企业可以依法取得非农经营用地使用权。

这就是我们执行非农经营用地的法律依据，实际操作的路径有四条：

其一，非农经营用地使用权在同一个农村集体经济组织投资设立的其他企业中进行流转。此法操作起来是最简便的。

其二，通过破产清算来实现变价。如果拥有非农业经营用地使用权的企业不能履行生效法律文书规定的义务，我们可以先申请破产，然后在破产清算程序中实行非农业经营用地使用权的变价。

当然，因企业破产、兼并、分立等情形致使土地使用权流转，继受取得土地使用权的企业不属于本农村集体经济组织投资设立的企业的，应办理国家土地征用和国有土地出让手续，向国家上缴土地使用权出让金。

通俗地讲，在企业因为破产、兼并、分立等情形致使非农业经营用地使用权依法发生转移后，继受取得该土地使用权的企业实际上最后取得的是国有土地出让的使用权。

其三，地上建筑物一并执行。非农经营用地使用权可与厂房一同设定抵押（设定这样的抵押必须经过集体土地所有者同意，并出具书面证明）。

抵押权实现拍卖、变卖抵押物时，同样应该办理国家土地征用和国有土地出让手续。拍卖、变卖所得价款应先扣除征地补偿安置费付给集体土地所有者（集体土地所有者在同意抵押证明中放弃此项权利的除外），并扣除出让金上缴国家，余额依担保法规定处置。

其四，用以租抵债、以资抵债、强制管理、强制托管等方式进行执行。

（八）在建工程的执行

在建工程往往被债务人用来逃债，有的被执行企业在房屋建成后故意不办理登记，领取房产证，有的实际使用多年仍不办证。

但是，被执行人的在建工程是完全可以强制执行的，这在司法实践中已经达成共识。对在建工程进行强制执行时我们可以采取"三步走"的方法：

第一步：申请法院查封。

首先，应该根据建设土地许可证、土地规划、政府批文、建设工程合同等资料，向法院证明在建工程属于被执行人所有。

其次，务必要求法院在查封时对在建工程加贴封条或张贴布告。因为法律规定"对不动产查封时既未向有关管理机关发出协助执行通知书也未采取加贴封条或张贴布告的办法查封的，不得对抗其他法院的查封"。[①] 在建工程尚未领取产权证照，法院无法发出协助执行通知，所以除了向被执行人发出裁定书以外，必须加贴封条或张贴布告。

第二步：对在建工程变价清偿。

对在建工程变价清偿首先应该采取协商的办法，由申请执行人与被执行人对在建工程商定价格，用在建工程抵偿债务。这种方式最大的好处是有利于提高被执行人在办理产权证照过程中提供相关资料的积极性。

双方对在建工程价格协商不成时，应当向法院提出申请，由法院委托依

---

① 最高人民法院《关于人民法院执行工作若干问题的规定（试行）》第41条。

法成立的资产评估机构进行评估，核定标的物的拍卖底价，委托拍卖机构进行拍卖。

在与被执行人协商不成又无法将在建工程拍卖变卖的情况下，我们可以申请法院直接裁定将在建工程折价后交付申请执行人抵偿债务。

变价清偿的另外一种方法就是"强制管理"。即由法院裁定交付申请执行人管理，由申请执行人对被执行人的在建工程实施管理并以管理所得收益清偿债权。当执行标的额远远小于在建工程的价值时，不宜对在建工程进行拍卖，而在建工程又有收益时，裁定交付申请执行人管理，对于保护申请执行人的债权和被执行人对在建工程的所有权均具有十分重要的意义。

总而言之，在对被执行人的在建工程进行变价清偿时，我们应该依次采取协商、公开拍卖、折价交付、强制管理这几种方法来。

第三步：做好原施工单位的工作。

采取以上几种方式对在建工程变价清偿时，申请执行人有权要求原施工单位提供办理综合验收、产权证照时所必需的相关资料。

施工单位有义务协助法院执行，如拒不协助，可按《民事诉讼法》第一百零三条规定申请法院追究其法律责任，或另案起诉。

（九）用"以租抵债、以资抵债、强制管理"方式对土地使用权进行执行

在针对不动产的强制执行工作中，我们往往会因为法律法规的限制而不能对标的物进行变价。这种情形主要集中在违章建筑物、农村宅基地等特殊的房产，在这种情况下我们就有必要采取"以租抵债、以资抵债、强制管理"的方式执行土地使用权。

我们先认真研读下面的法条："经申请执行人和被执行人同意，可以不经拍卖、变卖，直接将被执行人的财产作价交申请执行人抵偿债务，对剩余债务，被执行人应当继续清偿。""被执行人的财产无法拍卖或变卖的，经申请执行人同意，人民法院可以将该项财产作价后交付申请执行人抵偿债

务，或者交付申请执行人管理；申请执行人拒绝接收或管理的，退回被执行人。"

这是具有里程碑式意义的法律规定，它实际上创立了"以物抵债"和"强制管理"制度。

不难看出以物抵债存在两种情形。第一种是当事人双方同意的以物抵债，这在任何情况下都可以实行。双方当事人在执行过程中经协商对自己的权利义务所做出的处分，实际上是执行和解的一种，其优点是便捷高效。

第二种是在财产无法拍卖或者变卖的情况下，申请执行人单方同意以物抵债。在被执行人的土地使用权无法拍卖或者变卖的情况下，经申请执行人同意，作价交付给申请执行人抵偿债务或者交付申请执行人管理的一种强制执行方式，这种方式由于法律法规规定得较为明确，因此在实践中经常运用。

强制管理是指，在被执行人的财产拍卖不能或不能拍卖的前提下，法院剥夺其对财产的使用和占有，委托其他机构代管，以管理所得收益清偿债务的一种强制执行方式。强制管理的特点是对负有清偿债务而不能履行的被执行人，剥夺其对财产的占有和使用权，目的是用该财产的收益偿还债务，从而达到对被执行人强制执行的效果。

例如，1987年中国银行、日本第一券业银行、日本三井银行、日本樱花银行四家银行以北京奥林匹克饭店为抵押，向该饭店贷款50亿日元。因该饭店不能如期还贷，上述四家银行于1994年11月向中国国际经济贸易仲裁委员会申请仲裁，仲裁委员会于1995年12月裁决奥林匹克饭店偿还中国银行等四家银行50亿日元贷款及利息，而奥林匹克饭店拒不履行。北京市第一中级人民法院于1998年10月27日宣布，对该饭店强制托管，并委托北京六合兴饭店按照"六合兴"管理模式和奥林匹克饭店的实际状况进行经营管理。经过"六合兴"这个托管公司对奥林匹克饭店资产等清理、清点后，法院将该饭店正式移交给以中国银行为代理银行、含日本三家银行在内的银团来接管。

从而使案件得以执结。

同样，对土地使用权也可以采用强制管理的执行方法。实务操作中强制管理的实现一般须经过程序的启动、选定管理人、实施管理和撤销强制管理四个阶段。

强制管理程序的启动，必须根据被执行人的财产状况，在所查封的土地使用权出现拍卖不能或不能拍卖的情形之后，经合议庭合议才能做出开始对该土地使用权进行强制管理的民事裁定书，从而进入强制管理程序。

进入强制管理程序后，执行法院应当选定管理人，除了申请执行人以外，法院也可以采取招标的方式选定信托公司、银行及其他的法人充任管理人。执行法院应当协助进入并占有该不动产。管理人有谨慎管理的义务，如因管理人的过失而使利害关系人受损，管理人应负担赔偿的连带责任。

对土地使用权进行强制管理的过程是管理人独立行使管理权的过程，管理人可以根据实际情况，如财产进行出租、转让等，并定期向执行法院寄存充作分配的金钱和呈报财务报表。

在此过程中，执行法院应该对管理人的管理行为进行有效的监督，当有重要事由时，根据利害关系人的申请或依职权，执行法院可以解任、更换管理人。

如果出现法定事由或者执行法院发现强制管理的收益扣除管理费用及其他必要支出后无剩余或者不足的情形，应裁定停止进行强制管理。

当寄存金额能够偿还各债权人的债权及执行费用时，执行法院应裁定撤销强制管理。

所谓"以租抵债"，是指如果执行标的不大，而且分割土地及其地上建筑物、构筑物等较为困难的情况下，可以将该土地使用权及其地上建筑物、构筑物出租，以所得租金来偿还债。

以租抵债实际上是对被执行人资产权益进行执行的一种方式，主要有租赁给案外人和租赁给申请执行人两种形式。租赁给案外人可以由被执行人直接出租，也可以由法院公开招标出租，但不论采取哪种方式，法院都应对被执行人做出裁定扣留提取租金，并向承租人发出协助执行通知书，要求其将租赁费直接向申请执行人支付。

租赁给申请执行人，也就是经双方当事人同意，由申请执行人租赁使用该土地一定年限，以租赁期间所付租金来抵偿债务的一种执行方式（实际上也是一种强制管理）。

三、对被执行人收入的查明与执行

本部分主要介绍如何针对被执行的个人进行财产调查，以及如何针对查明的可供执行的财产采取执行措施。

（一）怎样调查被执行人的工资收入

可以通过三种方法来调查被执行人的工资收入。

第一，律师调查。

在已经知道被执行人的工作单位的情况下，我们可以委托律师，由律师凭所在律师事务所的介绍信前往被执行人的工作单位调查被执行人的工作收入。一般来说较大的国营单位或政府机关事业单位，对律师调查还是较为配合的，能够提供被执行人的工资收入信息。

律师在调查前，应当提前与欲调查单位的人力资源管理部门取得联系，然后再凭律师证件和律师所出具的介绍信前往调查。

调查介绍信的格式如下：

律师调查专用介绍信

某律调介NO××××××××

××××××××管理局：

　　兹介绍某某律师（律师执业证号：××××××××）前往你处调查贵公司员工蒋某自2004年7月1日至2005年7月1日的工资发放情况（请打印工资收入发放明细）。

　　请予协助。

此致

敬礼

（有效限　天）

年　月　日

　　备注：本介绍信只供律师调查专用，不作他用。

第二，凭法院调查令进行调查。

　　如果被调查单位不配合，在实行调查令制度的地区（如北京、上海），还可以申请法院出具调查令调查被执行人的薪金收入情况。持法院的调查令基本上可以查清当事人的收入情况，一般单位不敢向人民法院提供虚假的证据。

　　调查令申请书的格式如下：

调查令申请书

××区人民法院：

　　申请执行人刘某请求强制执行赵某一案，贵院已立案受理，案号为（2010）×民执字第（××）号。

　　法律规定，申请执行人有向法院通知被执行人财产线索的义务，因被执行人工作单位的要求，申请执行人无法自行调查收集赵某的工资薪金收入情况，故特申请法院令调查收集赵某的工资收入情况。

　　拟调查单位：上海市某某信息公司

　　拟调查内容：赵某从2008年11月至2010年2月的薪金发放情况（请打印薪金组成明细单）。

申请人：

年　月　日

第三，直接申请法院调查。

对于没有实施律师调查令的地区，可以申请法院调查收集被执行人的相关工资、薪金收入情况。法院调查取证申请书的格式如下：

法院调查取证申请书

××区人民法院：

张某申请强制执行赵某一案，贵院已立案受理，案号为（2010）×民执字第（××××）号。查明被执行人赵某的工资收入是本案能否顺利执结的关键。

因被执行人工资单位的要求，申请执行人无法自行调查收集赵某的工资薪金收入情况，故特申请法院调查收集赵某的工资收入情况。

拟调查单位：上海市某某信息公司

拟调查内容：赵某从2008年11月至2010年1月的薪金发放情况（请出具薪金组成明细单）。

申请人：
年　月　日

（二）如何通过其他渠道调查被执行人的工资收入

知道被执行人的工作单位是调查被执行人工资收入的前提。如果不知道被执行人的工作单位，也可以通过其他渠道来进行调查。只要被执行人有一份正当的工作，通过以下四种调查渠道就应当可以查明其工资收入情况：

其一，通过调查社保缴纳情况来查明被执行人的工作单位、工资收入情况。

其二，通过调查公积金缴纳情况，查明被执行人的工作单位、工资收入情况。

其三，通过调查个人所得税的缴纳情况，查明被执行人的工作单位、工资收入情况。

其四，通过房产交易信息，查明被执行人的工作单位、工资收入情况。

社保、公积金、个人所得税都是强制缴纳的，而且是必须由单位代为缴付的,所以查明了这些信息也就查明了被执行人的工作单位。社保、公积金、个人所得税的缴付金额都是和工资挂钩的,因此查明了这些情况,我们就可以推算出被执行人的工资收入情况。

更重要的是,在条件具备时被执行人的养老保险、公积金也是可以强制执行的。因此我们建议在对被执行人进行调查的时候首先应该查明被执行人的社保和公积金缴纳情况。

我们可以委托律师或者申请法院调查被执行人的社保和公积金缴纳情况。

申请书的样本如下:

法院调查取证申请书

××区人民法院:

张某申请强制执行赵某一案,贵院已立案受理,案号为(2010)×民执字第(××××)号。查明被执行人赵某的收入是本案能否顺利执结的关键。

因无法了解被执行人的工作单位,所以只能通过调查被执行人的社保和公积金的缴纳情况来查明其工资收入。

根据规定申请执行人无法自行调查收集赵某的社保和公积金缴纳情况,故特申请法院调查收集。

一、拟调查单位:××区劳动和社会保障局

拟调查内容:赵某从2008年11月至2010年1月的社保缴纳情况(请出具明细单)。

二、拟调查单位:××区公积金管理中心

拟调查内容:赵某从2008年11月至2010年1月的公积金缴纳情况(请出具明细单)。

申请人:

年 月 日

(三)是否可以扣划离退休人员的离休金、退休金清偿其债务

对于离休金、退休金是否可以在执行程序中扣划,最高院与劳动和社会保障部之间有过一场"笔墨官司"。

争议的发端源于2000年最高院发布的一份司法解释。这份司法解释规定:"各地人民法院在审理和执行民事、经济纠纷案件时,不得查封、冻结

或扣划社会保险基金；不得用社会保险基金偿还社会保险机构及其原下属企业的债务。"①

于是劳动和社会保障部便认为，"基本养老金是保障离退休人员的'养命钱'，离退休人员能否按时足额领取养老金直接关系到离退休人员的合法权益和社会稳定。同时，基本养老金在发放给离退休人员之前仍属于养老保险基金，任何单位不得查封、冻结和划扣。最高院对此也做出了相应规定，社会保险经办机构不能直接扣发离退休人员基本养老金抵偿法院判决的债务。"

此后，人民法院在办理离退休人员为被执行人的执行案件过程中需要查封、冻结和扣划被执行人的离休金、退休金时，经常遇到劳动社会保障机构不协助人民法院执行的问题。

后来，天津市高级法院针对这一问题，向最高院请示并认为："离退休人员的离休金、退休金是其固定合法收入，与法〔2000〕19号文中所提到的社会保障基金的性质是不同的。"

2002年1月30日最高院在研究后同意了天津高院的意见，并做了进一步明确：一是在离退休人员的其他可供执行的财产或者收入不足偿还其债务的情况下，人民法院可以要求其离退休金发放单位或者社会保障机构协助扣划其离休金或退休金，用以偿还该离退休人员的债务。上述单位或者机构应当予以协助。二是人民法院在执行时应当为离退休人员留出必要的生活费用。生活费用标准可参照当地的有关标准确定。但五天后（2月4日），劳动和社会保障部在回复重庆市劳动和社会保障局关于能否协助法院扣发离退休人员养老金抵偿债务的请示时仍然坚持，根据最高院19号文的规定"社会保险经办机构不能直接扣发离退休人员基本养老金抵偿法院判决的债务。"②

我们认为，个人按月领取的离休金、退休金与整个社保基金是有区别的，

---

① 《最高人民法院关于在审理和执行民事、经济纠纷案件时不得查封、冻结和扣划社会保险基金的通知》（法〔2000〕19号，2000年2月18日。

② 《关于对扣发离退休人员基本养老金抵偿债务问题的复函》劳社厅函〔2002〕27号，2002年2月4日。

将发放给个人的离休金、退休金定性为个人的"固定合法收入"是恰当的。

最高院19号文实际上是为了杜绝少数法院在审理和执行社会保险机构原下属企业与其他企业、单位的经济纠纷案件时，查封社会保险机构开设的社会保险基金账户，影响社会保险基金的正常发放，不利于社会的稳定这种情况而做出的。换言之，社会保险机构只是社保基金的管理者，而不是所有者，因此当社会保险机构成为被执行人时，不能执行其代为管理的社保基金。

但是，对个人而言，离休金、退休金属于个人的固定收入。既然是收入，法院就有权按照《民事诉讼法》第二百九十一条的规定，在"被执行人未按执行通知履行法律文书确定的义务"时"扣留、提取被执行人应当履行义务部分的收入"，当然"应当保留被执行人及其所扶养家属的生活必需费用"。

2003年重庆市高级人民法院，在经过审判委员会研究，并与重庆市人民政府协商后，复函重庆市第一中级人民法院明确："第一，人民法院有权扣留和提取被执行人基本养老金或退职生活费清偿其债务，有关单位有义务协助人民法院执行。第二，执行退休、退职人员基本养老金或退职生活费的，根据被执行人退休、退职的类别，分别以送达执行文书时重庆市人民政府确定的退休人员基本养老金最低标准、退职人员最低退休生活费标准为扣付底线；扣付后退休、退职人员及其所抚养人口人均生活费不得低于当地最低生活保障标准。"①

自此，一场"笔墨官司"才算尘埃落定。看完这场"笔墨官司"，相信大家已经明白，被执行人的养老金能否被强制执行，取决于被执行人养老金的发放数额及当地的最低生活标准。

---

① 《最高人民法院研究室关于执行程序中能否扣划离退休人员离休金退休金清偿其债务问题的答复法研》〔2002〕13号，2002年1月30日（渝高法〔2003〕86号）。

（四）是否可以扣划被执行人的公积金清偿其债务

先来看一个真实的案例。

2008年5月，李某向王某借款九万元，约定借款期限为一年。借款到期后李某未能按期偿还。为此，王某于2009年10月向法院提起诉讼，经法院审理，判决李某返还王某借款九万元。

2010年2月，李某因职务犯罪被法院判处有期徒刑五年。同年5月6日，王某以李某拒不履行义务为由申请法院强制执行。

法院受理本案后向正在监狱服刑被执行人李某送达了执行通知书，要求其履行义务。但是李某以无能力履行判决上确定的义务为由拒绝履行。另查明，被执行人李某因构成犯罪受到刑事处罚，与原单位解除劳动关系，现有住房由其家属居住，其个人其他财产不足以履行判决确定的义务。

王某知道情况后，向法院提供李某的住房公积金上有存款九万余元的财产线索，要求法院强制执行。

再来看一下具体执行的情况。

在执行中，该市住房公积金管理中心先以公积金不符合《住房公积金管理条例》中确定的支付条件为由拒绝协助，在法院与多次协调后，最终管理中心认为李某正在服刑，与原单位劳动关系也已经解除，符合公积金提取条件，协助法院扣划了李某名下的公积金九万余元。

从这个案例我们不难发现，现行法律没有明确规定住房公积金能否作为执行标的。实践中各地法院与当地的住房公积金管理中心做法也不一，法院在执行中也有两种不同的意见。

就我们掌握的案例而言，目前法院一般认为，被执行人在住房公积金管理中心账户内存储的住房公积金，人民法院可以采取查封、冻结等控制性执行措施，待条件成就后方可进行划拨。理由如下：

其一，住房公积金是职工按规定存储起来的专门用于住房消费支出的个人住房储金，是"长期住房储金"，与一般的存款在性质上有着本质的不同。

虽然根据《住房公积金管理条例》的规定，住房公积金属于"个人所有"，但该财产必须由住房公积金管理中心运作，只有在特定情况下才能使用、属于权能受限制的"个人存款"。

职工是公积金的所有者，公积金管理中心是管理者，二者之间存在着特殊的法律关系。不能因为强制执行而消灭这种法律关系，就好像被执行人有一笔出借款，在借期未满之时，法院无权强制收回的道理是一样的。

其二，住房公积金实行专款专用，该款只能是用于住房消费，若在退休时有存余则直接划入个人养老账户，若职工死亡则成为遗产，这时才转化为可以自由支配的私有财产，在这种情况下法院才能予以强制执行。

（五）如何查明和扣划被执行人的公积金清偿其债务

查明被执行人住房公积金的渠道是各地的公积金管理中心。我们可以委托律师持律师事务所的介绍信，或者凭法院调查令前去调查取证。

一般来讲，只要被执行人是城镇居民，就应该对其公积金情况进行执行调查。这样做有两个好处：其一，可以通过查明被执行人每月缴纳公积金的情况，推算出被执行人的工资收入情况；其二，可以查明被执行人的公积金余额，在条件允许的情况下可以公积金采取强制执行措施。

一旦查明被执行人存有公积金，为了保护申请执行人的权利，防止被执行人转移财产，必须马上申请法院向住房公积金管理中心发出协助执行通知书，对住房公积金予以冻结。然后再来判断是否可以申请法院扣划。

在以下几种情况下，我们可以申请法院扣划被执行人的公积金清偿其债务：

一是被执行人已经离休、退休；二是被执行人已经完全丧失劳动能力，并与单位终止劳动关系；三是被执行人已经出境定居；四是被执行人已经有住房。

其中，对于在被执行人已经有住房的情况下能否扣划公积金，实务中存在争议。我们认为，住房公积金具有双重功能，在职工没有住房时，它具有保障功能，而在职工有住房时，它就转化成了一种福利待遇。如果被执行人有住房，就无需用住房公积金偿还借款，其现有公积金只是作为一种福利待遇，人民法院也可以执行其公积金上存款。

（六）被执行人是农村居民，如何调查其收入情况

城镇职工的收入主要就是工资收入，但是如果被执行人是农村居民，我们又应该如何调查其收入情况？

在回答这个问题之前，我们必须先搞清楚农村居民都会有哪些收入。下面的内容摘自江苏省农村经济调查局2004年10月编写的《农村住户调查账页记录编码及记录须知手册》。

农村住户收入来源分类

1. 工资性收入

第一种情况，如乡村干部工资、乡村教师工资或在行政事业单位上班得到的工资等。

第二种情况，在本地劳动得到的报酬收入。如在本地企业打工得到的报酬，参加基建项目如修公路、开河补堤，或者为其他家庭提供劳务或打零工等。

第三种情况，外出打工收入。

2. 家庭经营收入

家庭经营收入由两部分组成：出售家庭生产产品收入和家庭经营服务收入。家庭经营收入按行业分成以下几种：

农业收入。农业收入包括种植业、林业、牧业、渔业收入。

工业收入。包括出售工业产品收入和工业加工费收入。

建筑业收入。包括从事土木工程建筑，线路、管道和设备安装，装修装饰等得到的收入。

交通、运输、邮电业收入。如家庭成员从事运货、带客等得到的收入。

批零贸易饮食业收入。如家庭开商店、餐馆和从事货物买卖经纪人的收入。

社会服务业收入。如开旅馆、理发店、浴室、维修家电等得到的收入。

文教卫生业收入。如家庭开设录像馆、个体诊所等得到的收入。

3. 财产性收入

包括利息、股息、租金、红利、土地征用补偿款等收入。

4. 转移性收入

包括家庭非常住人口寄带回的收入、亲友赠送收入、救济金、救灾款、退休金等收入。

5. 其他来源收入

包括借贷性和非借贷性收入。借贷性收入包括从银行或个人得到的借款、取回存款、兑换债券股票、收回投资款等；非借贷性收入包括出售家庭财物、中奖、一次性工伤补贴、婚丧嫁娶礼金、赌博等收入。

有了上述对农村居民收入情况的了解，我们就可以按图索骥，查明被执行人的财产了。

（七）如何查明和执行被执行人的征地补偿款

很多身为农村居民的被执行人其收入和财产极其有限，其住房和承包地在变价时又面临很多限制，往往导致执行案件不能顺利执行。但是当这些被执行人的土地被征用的时候往往会得到一笔补偿金，如果我们能够抓住这个时机，就能顺利地使债务得到清偿，因此我们完全有必要对征地补偿款进行一番研究。

征用耕地的补偿款俗称"三费"，包括土地补偿费、安置补助费、地上附着物及青苗补偿费。其中，土地补偿费是针对被征土地的，归农村集体经济组织所有；地上附着物和青苗补偿费是针对被征土地上的附着物的，归地上附着物及青苗的所有者所有；安置补助费针对失地农民，系对征地后失地农民的劳力安置。简单地理解"三费"，就是对"地"、"物"、"人"的三种补偿。

第一，土地补偿费。

土地补偿费归村集体所有。村集体有权以村民会议或村民代表会议的形式，决定征地补偿费的分配和使用，村集体可以将该集体收入用于开办集体企业，发展公益建设，可以分配到各户，可以分配给被征用承包经营土地的村民。

只有在村集体将征地补偿费进行分配，该征地补偿款权属、性质发生变动时，我们才能申请法院对此时的土地补偿费可以采取强制措施。

第二，地上附着物及青苗补偿费。

这项补偿归地上附着物及青苗的所有者所有，该处的"所有者"指该被征用土地的承包经营者，包括已转包经营者。村民的该项所得在性质上并不具有其他特殊的含义，所以是可以被法院强制执行的。

实际中，用地者在预算出其三大补偿费金额后，往往会将地上附着物、青苗补偿费连同其他费用一并支付与村集体，由村集体再行处理。由于青苗补助费完全归属于被执行人所有，虽青苗补助费由村集体占有，但所有权还是归属于村民的，因此，只要用地者已经支付了青苗补偿费，我们就可以申请法院对该补偿费予以强制执行，而不论其是一并支付给村集体还是分别支付到村民个人。

第三，安置补助费。

安置补助费俗称"劳力安置"，其支付标准并不受被征土地多寡因素的影响，而是更多地考虑受安置农民的个体因素，也就是俗称的"数人头"。

安置补偿费根据"谁安置，谁所有"的原则，归安置方所有。如果不需要统一安置，安置补助费会发放给被安置人员个人，或者征得被安置人员同意后用于支付被安置人员的保险费用。

对于直接支付给农民的安置补助费，法院亦有权予以执行。法院的强制执行并不与法律强制设立安置补助费的初衷相冲突。

通过以上分析我们可以发现，对三大补偿费予以强制执行的先决条件，必须是该收入在名义上已归被执行人所有。因此，在实务中除了应当先查明被执行人有无征地补偿款的收入，以及被执行人个人的具体收入金额之外，还必须结合征地补偿款的支付过程进行分析，以判断是否可以对其进行强制执行，比较彻底的做法是调取《征地安置补偿协议》。

一般来说，我们可以委托律师或者申请法院到村民委员会或者征地办公室（有的地区叫指挥部）调取《征地安置补偿协议》。申请书样本如下：

法院调查取证申请书

××区人民法院：

张某申请强制执行赵某一案，贵院已立案受理，案号为（2010）×民执字第（××××）号。因被执行人长期在外打工，而且没有其他可供执行的财产，所以本案一直未能顺利执行。

现了解被执行人所在地正在进行征地拆迁，为了查明被执行人所获征地补偿的情况，根据规定特申请法院调查收集。

一、拟调查单位：××区××村民委员会

拟调查内容：被执行人所在地的征地安置补偿协议

二、拟调查单位：××区××征地办公室

拟调查内容：被执行人所获征地补偿的有关情况

申请人：
年　月　日

（八）怎样查明与执行农村被执行人的租金收入

租金收入是农村居民的主要收入来源。农村居民的租金收入来源很广，但是便于执行的有两种，第一种是出租住房所收取的租金；第二种是将承包地转包而收取的"租金"。有的被执行人为了规避强制执行，长期在外地打工，却将在老家的住房和承包地出租，收取租金。

对于农村居民的租金收入的调查可以采用两种办法。

一是采用"实地走访调查法"，通过对被执行人居住地的实地走访，掌握被执行人的住房情况和承包地的情况，然后再调查是否存在出租的情况。如果条件许可，也可以找承租人进行调查。

二是采取"外调法"，到被执行人所在的村民委员会、村民小组等单位和组织进行调查。在一些对住房出租、承包地出租采取登记备案制度的地方，我们可以直接到登记备案的单位或者部门进行调查。

当然，在实际操作中我们应该根据实际情况灵活掌握。如果掌握被执行人房屋出租或者承包地出租情况的单位和个人不予配合，我们应当及时申请人民法院进行调查。

一旦查明被执行人有此类租金收入，我们就可以申请法院采取扣留、提取等强制措施抵偿债务。申请书样本如下：

扣留、提取被执行人财产申请书

申请人，张××，男，1970年3月出生，住所地，××市××路××号。

委托代理人，李××，上海××律师事务所律师。

被执行人，唐××，男，1965年8月出生，住所地××省××县××乡××村38号。

案外人，王××，男，××××年××月出生，住所地××省××县××乡××村××号。

案外人，赵××，男，××××年××月出生，住所地××省××县××乡××村××号。

一、申请事项：

1. 依法扣留、提取被执行人将××省××县××乡××村38号房屋出租给案外人王××所取得的租金收入。

2. 依法扣留、提取被执行人将××省××县××乡××村承包地转包给赵××所取得的收入。

二、事实与理由：

（2010）×初字第（469）号张××申请执行唐××一案，经调查发现：××省××县××乡××村38号房屋系被执行人的自有房屋。自2011年1月起被执行人将此房屋出租于案外人王××，每月收取房屋租金人民币1000元。

经调查还发现：××省××县××乡××村的2亩农业用地系被执行人的承包地。自2011年2月起被执行人将此承包地转包于案外人赵××，每年收取租金人民币10000元。

为顺利执结本案，特申请人民法院依法扣留、提取对被执行人的上述收入。

此致：××市××区人民法院

附件：房屋租赁合同一份

农地转包协议一份

申请人：张××（签字）

年　月　日

（九）对农村被执行人的股息、红利等财产性收入的查明

红利和股息也是农村居民收入的重要组成部分。所谓红利，就是村民从集体经济组织取得的每年的分红。在许多地区，分红是农民收入的大头。常见的分红有几种，一种是村集体将每年的经营所得分配给村民，这是最常见的分红。还有一种是村集体将"四荒地"发包给村民以外的个人或单位，然后将每年收取的租金按人头派发给村民。

在实行集体土地股份制改革的地区，会以成立集体土地农业经合组织、股份合作社或股份公司等方法，使农民对集体资产享有充分的股权。因为被执行人的这种股权的流动受到法律上的限制，我们一般不针对这些股权采取变价措施，但是我们可以针对被执行人的这些股权所产生的收入（股息）采取强制措施。

我们可以到村民小组、村委会去查明这种收入，但实践证明通过这种渠道进行调查的效果往往很差，有些村委会甚至为被执行人做假证。因此，我们必须寻找到可靠的调查渠道。通过长期的实践我们发现，可以通过以下两种渠道进行调查：

第一，通过当地的"农经局""林业局"进行调查。

村集体每年都必须向农经局上报集体资产的经营情况，这很像企业的年检。通过查阅村集体上报的材料，我们就会对村里每年的分红和股息派发情况有一个全面了解。一般来讲，应该持法院调查令到这些单位进行调查。根据我们的经验，农经局、林业局对法院调查令还是比较配合的，调查所取得的结果也是比较令人满意的。

第二，通过当地的乡政府、镇政府进行调查。

现在许多地区已经开始实行"村账乡管"或者"村账镇管"，就是由乡镇政府派一个财务来管村里的账（主要是防止村里大吃大喝）。这样就为我们的调查工作提供了方便，更主要的是乡镇政府不会弄虚作假。

在实行"村账乡管"或者"村账镇管"的地区，我们可以凭法院调查令到乡政府或者镇政府，对被执行人所在集体经济组织的分红或者股息分配情况进行调查。

总之，股息、红利是农村居民最主要的日常收入。在针对农村居民的强制执行中必须以此为重点，进行详细的执行调查。

四、对被执行人储蓄的查明与执行

被执行人的储蓄不仅是指银行存款，还包括邮政储蓄、储蓄型保险、投资型的保险、凭证式国债等带有储蓄性质的财产。在强制执行工作中，我们应该对被执行人的储蓄进行全面调查。

（一）如何查明被执行人的银行存款

银行存款只能由有权机关根据法律、法规规定，对被查对象银行账户内存款的存入日期、期限、金额以及款项等情况进行查实取证。

根据法律规定，人民法院、人民检察院、公安机关、国家安全机关、军队、海关、税务机关、审计机关、工商行政机关、监察机关、公证机关共11个机关有权查询个人存款。

对于单位的存款，上述的这11个部门都有权查询。另外党的纪律检查机关因查处已正式立案的违法、违纪案件，也可以查询单位在金融机构的存款情况。

根据执行案件的不同情况，我们可以分别采取以下方法来查明被执行人的存款：

第一，在已经知道被执行人开户行和账号的前提下，申请法院调查取证。

在上海，绝大多数银行已经完全拒绝律师持法院的调查令进行储蓄查询了，想要了解对方的银行存款信息必须通过"法院调查取证申请书"申请法院调查。

法院调查取证申请书

××××××××区人民法院：

案号为（2010）某民初执字第（××××）号原告李某诉被告朱某民间借贷纠纷一案，贵院已立案执行。申请执行人目前已经掌握到被执行人的财产线索如下：

开户行：招商银行北京分行

开户名：朱××，身份证号码×××××××××××××××

招商银行账号：00×××3×××

招商银行北京分行地址：××××××××××号，邮编：100000

查明朱某可供执行的财产是本案顺利执结的关键。因法律法规限制，申请执行人无法自行查询被执行人的银行储蓄资料，故特申请法院调查收集：

1.上述账户自2002年10月至2010年3月的存取款情况（请打印银行存取款明细单）。

2.上述账户的存款余额。

申请人：×××
年 月 日

需要特别指出的是，被执行人极有可能在调查之前已将大笔存款转移，申请人的权益自然也就得不到维护。所以在申请法院调查银行存款情况时，务必请法官在调查时打印"存取款明细清单"（如果不予以指明，法院只查账号的余额）。

如果法院没有打印，只提供余额，则是法院工作有缺，申请人仍有权要求法院再查，直至查清。这样，才能防止被执行人规避执行。

第二，仅知道被执行人的开户行不知道账号，根据存款人的身份证号，通过银行可以将当事人的存款情况查清。

实践中，个别的执行法官在当事人提交了申请调查银行存款申请书后，还一定要求当事人提供具体的账号，否则，拒绝为当事人调查。我们认为，这是不妥的。过多地要求当事人提供无法自行收集的信息对当事人显然是不公平的。

一旦遇上此种情况，当事人可以根据最高人民法院《关于民事诉讼证据的若干规定》要求法院出具书面的决定，对决定不服，可以申请同级法院复议，或采取其他补救措施。

（二）怎样在既不知道被执行人的银行账号又不知道开户行的情况下查明被执行人的存款

法律规定，个人和单位的人民币银行结算账户开户银行名称必须由银行业金融机构向人民银行报备。人民银行对银行业金融机构报备的开户人的人民币银行结算账户开户银行名称进行汇总。也就是说，中国人民银行掌握着每个个人和单位的开户银行名称。

如果我们既不知道被执行人的银行账号又不知道开户行，应该先查明被执行人在什么银行开立了人民币结算账户，也就是说应该先查明被执行人的开户银行，然后再到对方的开户银行查明具体的存款情况。

中国人民银行在很早以前就建立了人民币银行结算账户管理系统，通过这个系统可以查询到被执行人银行结算账户开户银行名称。

但是，这个系统一直没有向法院系统开放。直到2010年，中国人民银行才和法院系统达成了一致意见，并联合发布了《最高人民法院中国人民银行关于人民法院查询和人民银行协助查询被执行人人民币银行结算账户开户银行名称的联合通知》（法〔2010〕27号）。这个文件首先明确了中国人民银行负有协助法院查询被执行人人民币银行结算账户开户银行名称的义务，具体由人民银行上海总部，被执行人注册地或者身份证发证机关所在地的省级分行、营业管理部、省会城市中心支行及深圳市中心支行办理此类查询。

这个文件规定，应该由被执行人注册地、身份证发证机关所在地的高级人民法院（另含深圳市中级人民法院）统一集中批量办理被执行人结算账户开户银行名称查询。

这个文件还规定，人民银行上述机构接到法院送达的《协助查询书》后，只要《协助查询书》的要素完备，就应当在五个工作日内根据查询结果如实填写《协助查询答复书》并加盖人民银行公章或协助查询专用章。

根据〔法发（2010）27号〕文件的规定，我们完全可以在不知道被执行人任何开户信息的情况下要求法院通过向中国人民银行查询，来调查被执行人的银行开户情况。申请调查的文书范本如下：

提请法院调查取证申请书

申请人汤××，女，1968年9月23日出生，汉族，住所地，周宁县狮城镇××路××号。

委托代理人，张纪明，上海利歌律师事务所律师。

被申请人吕××，男，1962年6月2日出生，汉族，住所地周宁县狮城镇××路××号。

被申请人郑××，女，1968年1月5日出生，汉族，住所地周宁县狮城镇××路××号。

申请事项：

因法律法规限制，申请执行人无法自行查询被执行人的银行存款资料，故依法申请法院调查收集。具体如下：

1.调查单位：中国人民银行。

2.调查事项：被执行人名下所有的人民币银行结算账户开户银行名称。

3.根据上述调查结果，调查被执行人上述账户自2012年9月至调查之日的存取款情况（请打印银行存取款明细单）。

4.上述账户的存款余额。

5.对上述账户采取查封、冻结、划拨等强制执行措施。

事实和理由：

申请人汤××系贵院受理的（2013）周执字第××号强制执行案的申请执行人，被申请人吕××、郑××系该案的被执行人。

查明被执行人财产是本案顺利执结的关键。因法律法规限制，申请执行人无法自行查询被执行人的银行存款资料，故根据最高人民法院的有关规定申请法院依法定渠道向中国人民银行调查收集。

此致

福建省周宁县人民法院

申请人：汤××（签字）

委托代理人：张纪明律师

联系电话：×××××××××××

年　月　日

（三）如何查询被执行人的外汇存款

查询被执行人外汇账户的基本渠道是外汇管理局，而不是银行。外汇管理局一般只接受法院的查询。由于我国的个人外汇账户分为很多种，所以在申请查询时必须写明要求查询的账户种类。

个人外汇账户按照主体类别不同分为"境内个人外汇账户"和"境外个人外汇账户"。银行按照个人开户时提供的身份证件等证明材料来确定账户主体类别，所开立的外汇账户应使用与本人有效身份证件记载一致的姓名。境内个人和境外个人外汇账户境内进行划转，必须按跨境交易进行管理。

个人外汇账户按账户性质又区分为外汇结算账户、资本项目账户及外汇储蓄账户。"外汇结算账户"只允许进行过工商登记或者其他执业手续的个人开立。而"外汇储蓄账户"是任何人凭本人有效身份证件都可以在银行开立的。但是外汇储蓄账户的收支范围有严格的规定，只可以用于三种情况：一是本人非经营性外汇收付；二是本人与同一主体类别的外汇储蓄账户间的资金划转；三是本人与其同一主体类别的直系亲属的外汇储蓄账户间的资金划转。

境外个人在境内直接投资，经外汇局核准，可以开立"外国投资者专用外汇账户"，这种账户属于"资本项目账户"，账户内资金经外汇局核准可以结汇。境外个人直接投资的项目获得国家主管部门批准后，可以将外国投资者专用外汇账户内的外汇资金划入外商投资企业资本金账户。

我们应该根据被执行人的具体情况判明其个人外汇账户的种类，然后申请法院到外汇管理局进行调查取证。

（四）通过水费、电费、电话费缴费情况来查明被执行人的银行账户

我们可以很方便地通过被执行人居住地的供电局营业部、电信局营业部来查明其委托缴费银行的名称和账户。

一般来讲，这些单位是接受律师持调查令进行调查的，所以在实务中这种调查渠道往往有意想不到的效果。实际的操作步骤如下：

第一步：委托律师持律师执业证、律师调查专用介绍信，到派出所查明被执行人的常住人口登记信息。这样我们就知道被执行人居住地的确切地址。

第二步：向法院申请"执行调查令"，到被执行人居住地的供电局、电信局、自来水公司的营业部查明其委托缴费银行的名称和账户。

第三步：申请法院对查明的有关账户采取执行措施。

第四步：在没有实行调查令制度的地区，可以直接申请法院到上述营业部进行"执行调查"。

（五）对方将自己名下的存款取出，声称已经用完怎么办

被执行人在知道败诉已经不可避免的情况下擅自将存款以现金方式取出，声称该笔钱款已用于生活日常开支，但实际以自己或以他人名义存入其他银行。在这种情况下，可考虑以下几个因素：

其一，存款取出的时间。时间长短决定了可能消费的数额，以及取款的目的；

其二，存款取出的数额。巨额的存款不会在短时间内全部正常消费完毕；

其三，收集一方平时正常的生活开支及相关证据，用于反驳和抗辩；

其四，其他相关事实以及证据的收集整理，如近期家庭开支情况以及他资金流动情况。

一般而言，法院处理财产是以现实存在而不是理论存在的数额为准，不能证明现存财产额度，只从理论上推断财产数目是很难得到法院支持的。比如，你说："他一个月1万多元工资，平时最多花3000元，每月还余有7000元，两年下来还应该剩至少10万多元。"再如，"他工资虽然一个月只有2000元，但单位有年终效益奖，可能有十几万，至少也有几万。"这些猜测推测的论据法院是很难支持的。但是，法院也不会轻易相信一方存款"消费完毕"的说法，对于"合理"的资金流向解释，法院支持的可能性很大。但如果一大笔钱款，短时间内"丢失"了、"吃光、喝光"了，"赌博输掉"了，法院采信的可能性是不会太大的。

（六）可以强制执行被执行人的投资型、储蓄型保险吗

现在社会上的保险种类繁多，但归纳起来可以将其分为商业保险和社会保险两大类，其中商业保险可以分为人寿险和财产险两大类。而社会保险则有失业险、医疗保险、养老保险、生育险四类。

商业保险中带有储蓄性质或者投资性质的都可以作为强制执行的标的对象，而社会保险则仅限于养老保险可以分割。例如家庭财产两全保险，这种保险由投保家庭按规定向保险公司分期缴纳一定数量的保险储金，如果保险期限内发生保险事故，则保险人赔付财产损失；如果未发生保险事故，合同期满后保险人向投保人返还全部保险储金。家庭两全保险的合同期限较长，储金累积的数额也较大。

此类保险的保险公司将投保人所缴纳的保险储金所产生的利息作为保险费收取的，在性质上类似于银行储蓄，但又与银行储蓄有所区别。主要区别在于银行储蓄的利息是归存款人所有，而保险储金的利息归保险人所有。

若被执行人投保了此类保险，可以按相关规定办理强制执行手续。一般可以在解除保险合同后，对扣除必要费用后的剩余保险储金进行强制执行。

（七）如何查询被执行人的保险信息

目前，较为受广大民众信任的保险公司主要有中国人寿保险股份公司和美国友邦保险公司等。要查询对方当事人的保险情况，最好能更多地了解对方关于保险缔结的相关信息，比如保险证（合同）号、签订合同的日期等。

在没有实行调查令制度的地区，可以直接申请法院调查取证。在实行调查令的地区，律师只需要凭法院开具的调查令即可到相关保险公司的法律部（室）进行接洽联系。

例如：

调查令申请书

××区人民法院：

贵院受理的案号为（2011）××民执字第××号申请执行人刘某申请对张某强制执行一案，贵院已立案受理。张某的财产范围是本案能否顺利执结的关键。因法律法规限制，申请执行人无法自行收集被告保险资料，故特申请法院调查令收集。

被调查机构：中保人寿保险有限公司上海市分公司。

调查事项：张某在中保人寿保险公司上海市分公司保险证号，及该保险证号下的保险合同及相关保险资料。

申请人：
年　月　日

在收到调查取证的文书后，保险公司一般会配合司法机关的工作，提供相关调查内容。

例如，下面是某保险公司的回复：

回复函

××区人民法院：

贵院（2010）××民执字第××号调查令我公司已收悉，经核查，现答复如下：

客户××在我公司的个人储蓄养老保险（保险证号：04××），缴费方式为趸缴，累计缴费人民币10万元整，保单现在状态为有效。特此告之（保险合同条款见附件）。

某某人寿保险股份公司

年　月　日

（八）可以强制执行被执行人的邮政储蓄吗

这个问题的答案是肯定的。

1993年3月19日最高人民法院经济庭向江苏省高级人民法院发出了一份题为《关于可否执行当事人邮政储蓄存款的复函》的文件。

在这份文件中最高院指出，根据《民事诉讼法》第二百二十一条规定，被执行人未按执行通知履行法律文书确定的义务，人民法院有权向银行、信用合作社和其他有储蓄业务的单位查询被执行人的存款情况，有权冻结、划拨被执行人的存款。如果邮电支局对外开办了储蓄业务，如东县人民法院即可以依法直接查询、冻结和扣划被执行人在邮电支局的定期储蓄存款。同时规定，人民法院在决定冻结、划拨被执行人储蓄存款时应当做出裁定，并发出协助执行通知书。

最高院的这份复函实际上就是一份司法解释，具有法律效力，也是我们执行对方的邮政储蓄的法律依据。

至于查询被执行人的邮政储蓄，方法相当简单。我们只要知道被执行人的姓名和身份证号码，就可以向法院申请调查令到邮政局进行查询。在没有实行调查令制度的地区，可以用申请法院调查取证的方法到邮政局进行查询。

由于邮政储蓄的查询系统是全国联网的（因为邮政储蓄是全国通存通兑），所以我们可以查询到被执行人在国内任何地方的邮政储蓄，而且既可以查到被执行人储蓄账户的情况，也可以查到被执行人结算账户（信用卡）的情况。

（九）被执行人的凭证式国库券可以强制执行吗

《最高人民法院关于对被执行人存在银行的凭证式国库券可否采取执行措施问题的批复》（1998年2月10日，法释〔1998〕2号）的规定，被执行人存在银行的凭证式国库券是由被执行人交银行管理的到期偿还本息的有价证券，在性质上与银行的定期储蓄存款相似，属于被执行人的财产。

人民法院有权冻结、划拨被执行人存在银行的凭证式国库券。有关银行应当按照人民法院的协助执行通知书将本息划归执行申请人。

五、对被执行人车辆、房产的查明和执行

房产是最值得我们关注的执行标的物。我们会在本章中详细介绍查明被执行人房产的方法和相应的执行措施。

（一）如何根据住址查明被执行人的房产

任何被执行人都有住址，包括户籍地和经常居住地。所以在查明执行人房产时，我们首先应该根据被执行人的住址直接到房产管理部门进行核实，以确定被执行人户籍地或者经常居住地的房屋产权人是否是被执行人本人。

在进行调查之前，我们首先要掌握被执行人的户籍地或者经常居住地。最直接的方法就是从法院的判决书上得到执行人的住址，其次也可以委托律师到公安机关进行调查取证。只要知道被执行人的身份证号码，律师就可以持律师证和律师事务所介绍信到公安派出所调取"常住人口信息"或者"外来人员基本信息"。

然后，我们就可以按照掌握的被执行人的户籍地地址或者住所地地址，

凭本人身份证到房产管理部门查询房产信息。

根据房管部门提供的资料，我们就可以判明该处房产的产权情况，以及被执行人与产权的关系。

如果被执行人是产权人，无论其拥有的是全部产权还是共同共有产权，或者是按份共有产权，我们都可以申请法院予以查封，并向房管部门发出协助执行通知书，要求房管部门不予办理房产过户登记。

如果房管部门提供的资料表明，该处房产的产权是登记在被执行人配偶名下的，我们也一样可以申请法院予以查封。

（二）怎样查明登记在执行人名下的所有房产

这种方法又称做"普查法"，也就是根据被执行人的姓名和身份证号码，到房管部门查明所有登记在被执行人名下的房产情况。这种普查的方法，可以查明被执行人名下已经登记的所有房产。

采取这种方法，必须凭法院签发的"调查令"，在没有实行调查令制度的地方，应该直接申请法院进行调查。

申请书的样本如下：

提请收集、调取证据申请书〔 〕第 号

申请人：上海××律师事务所×××律师

通信地址和联系方式：上海市××区××路×××号商业广场5楼，联系电话（××××××）。

申请事项：人民法院向房屋登记管理部门收集、调取证据。

申请理由：作为××申请执行××一案（案号）的申请执行人的委托代理人，本人认为需要向××市××区房地产交易执行收集、调取证据。根据规定、特申请贵院予以收集、调取。

此致：××市××区人民法院

申请人签名：（律师事务所章）
年 月 日

附：1.收集、调取证据范围、内容。

2.登记在被执行人名下的所有房产信息。

（三）怎样查明被执行人正在办理过户登记手续的房产

普查法只能查明已经登记在被执行人名下的房产，而不能查明正在办理过户登记手续的房产。

实践中大量存在被执行人为了规避执行将房产进行转移的情况。只要还没有完成内部审批手续，该房产的产权就还属于被执行人，我们同样可以申请法院予以查封。

反过来讲，被执行人也有可能拥有已经购买，但是尚未完成过户登记的房产。在执行程序中如果查到被执行人的房产处于这种状态，可以申请法院进行"预查封"。因为根据法律规定，只要已经完成内部审批手续，哪怕尚未完成过户登记，房产的所有权就已经转移到购买人的名下了。

因此，为了防止被执行人转移房产，我们必须对正在进行过户登记的房产进行专门的调查，准确地说叫做"查询过户登记"。

（四）如何查明被执行人的"期房"

商品房一般采用预售的方法进行销售，已经预售但是还没有交房的房屋就是我们俗称的"期房"。

对于期房，我们是没有办法在房产管理部门的房产登记系统中进行查询的。但是，所有预售的房屋都应当进行"预告登记"，所以我们可以到房管部门的商品房预售登记部门，通过查询预告登记系统来进行调查。如果被执行人购买的是这种预售房，我们应该马上申请法院予以预查封。

（五）怎样查明被执行人的"房改房"

有些被执行人居住的是单位分配的房产，尽管已经实行"房改"，但是为了规避执行，当事人迟迟不去办理过户手续。对于这样的"房改房"，我们可以委托律师到被执行人的单位或者当地负责住房制度改革的部门进行调查。

律师调查函的格式如下：

律师调查函〔　〕第　　号

调查人：××律师事务所××律师

通信地址和联系方式：上海市××区××路××号商业广场5楼，联系电话（略）。

调查事项：与××市××区的房屋有关的房改情况。

申请理由：作为××申请执行××一案（案号）的申请执行人的委托代理人，本人调查发现被执行人租住的位于××市××区的房屋原系贵单位分配各职工的住房。贵单位已经进行了"房改"，但是被执行人为了规避执行，迟迟没有将房屋产权办理到个人名下。因情况特殊，根据规定，特申请贵单位对上述情况予以确认，并提供房改相关文件。

此致：××总公司

申请人签名：（律师事务所章）
日期：　年　月　日

附：1. 法院判决书复印件一份。2. 强制执行立案通知书复印件一份。

（六）如何查明执行人的"产权调换房"

在城镇房屋拆迁中，有一种叫做"产权调换"的安置方式。这时，老的房产已经注销了产权，但是新的房产（安置房）还没有过户到安置人的名下。有的被执行人为了规避执行，故意拖延办理过户。

如果我们了解到被执行人可能拥有产权调换房的情况，可以通过拆迁公司或者拆迁指挥部进行进一步的调查。在实行调查令的地区，我们也可以通过申请法院调查令来进行调查。

调查令申请书格式如下：

调查令申请书

申请人，××市××物资有限公司，住所地（略）。

法定代表人，××，总经理。

委托代理人：××律师，××律师事务所律师

拟调查单位：××市××拆迁指挥部。

拟调查事项：被执行人的动迁安置情况。

申请理由：

申请人系（2010）×执字第469号的申请执行人。申请人发现，被执行人所居住的地区正在进行拆迁改造，拆迁地块采用"产权调换"的安置方式。被执行人的老的房产已经注销了产权，但是新的房产（安置房）还没有过户到安置人的名下。

查明被执行人可供执行的财产是本案顺利执结的关键。因法律法规限制，申请执行人无法自行查阅、复制被执行人的安置协议，特申请法院签发调查令，由代理律师进行调查取证。

申请人：××市××物资有限公司

日期： 年 月 日

（七）对被执行人与他人共有的房产如何进行强制执行

首先，对于被执行人与他人共有的房产要采取控制措施。所谓控制措施，就是申请法院对共有房产进行查封。对共有房产进行查封时，除了应该向房管部门发出协助执行书以外，还应该及时通知其他共有人。

共有房产一旦被查封，查封的效力就及于整个房产，不仅被执行人不能进行转让（或者设定抵押），而且其他共有人也不能处置他们名下的产权份额。

然后就是对共有房产进行分割，对共有房产进行分割有两种方法。

第一种方法是"协议分割"。即由包括被执行人在内的共有人经过协商，达成如何分割共有房产的协议。

由于房产是不能进行实物分割的，所以协商的结果无非是三种：其一，被执行人出让产权份额，得到相应的金钱，用于抵偿债务。其他共有人受让被执行人的产权份额，取得全部产权。其二，其他共有人出让产权份额，被执行人取得全部产权。房产变价以后，其他共有人得到相应的金钱，剩余的钱款抵偿债务。其三，直接将房产变现，扣除其他共有人应得的部分后抵偿债务。

注意：无论达成什么样的分割协议，都必须经过债权人的认可和法院的认定才能生效！分割协议一旦生效，法院就应当做出裁定，解除对其他共有人享有份额内的财产的查封。

第二种方法是"诉讼分割"。

如果达不成分割协议，共有人（包括被执行人）可以向法院提起"析产诉讼"，请求法院来对共有房产进行分割。这种方法也叫"裁判分割"。在法院审理期间，执行法官就会先裁定中止执行以等待判决结果。

如果被执行人为了规避执行，既不协商，又不诉讼，迟迟不对共有房产进行分割，这时债权人可以行使代为权，提起"代位析产诉讼"。

请注意，这是非常有效的法律武器。

（八）"一套房不能强制执行"是对法律的曲解

坊间普遍认为"一套房不能强制执行"，这样的认识源于"对于被执行人及其所扶养家属生活所必需的居住房屋，人民法院可以查封，但不得拍卖、变卖或者抵债"这样一条法律。

此文一出，立刻被"老赖"们奉为规避执行的"尚方宝剑"，个别法官甚至以此为由怠于执行，久而久之就形成了"一套房不能强制执行"这样的潜规则。

但是，公众（也许还包括一些法官）大多都只记住了"不得拍卖、变卖或者抵债"这几个字，而没有完整地理解法律的规定，是对法律的曲解和断章取义。

先来看一下完整地法条。最高人民法院《关于人民法院民事执行中查封、扣押、冻结财产的规定》第七条规定："对于超过被执行人及其所抚养家属生活所必需的房屋和生活用品，人民法院根据申请执行人的申请，在保障被执行人及其所扶养家属最低生活标准所必需的居住房屋和普通生活必需品后，可予以执行。"

只要我们完整的读完上面的法条，就不难发现：在保障被执行人的最低生活标准的居住条件下，法院可以依法对被执行人的房产进行强制执行，哪怕房产是被执行人的唯一一套房产。

（九）被执行人只有一套住房，但是已经抵押给了申请执行人，如何对其进行强制执行

对已经依法设定抵押的"一套房"怎样进行强制执行，目前已经有了比较详尽的法律规定。根据2005年最高人民法院关于人民法院执行设定抵押的房屋的规定(法释〔2005〕14号)，对已经设定抵押的房屋采取强制执行措施的步骤如下：

第一步，由申请人本人，或者委托律师向法院提出申请，对房屋予以查封。

第二步，给予被执行人六个月的宽限期，让被执行人搬出并腾空房屋。六个月宽限期过后，对于不属于"低保对象"的被执行人，可以申请法院做出强制迁出的裁定，将其强制迁出房屋。对于那些强制迁出后无法自行解决居住问题的被执行人，可以由申请人参照"人均廉租住房面积标准"所确定的房屋面积提供临时性住房。临时性住房的租金由被执行人支付。

第三步，提供拍卖、变卖等方法将房屋进行变价以清偿债务。当然，申请人可以从房屋变价款中优先扣除临时性住房的租金。

（十）被执行人是农村户口，其在城市里"仅有"的一套房是否可以被强制执行

改革开放三十多年以来，大量的农村人口进入城市。很多农村居民离开农村后依靠自己辛勤的劳动在城市里购买了住房，长期生活、工作在城市里。但是，由于我国的城乡二元体制和户籍制度，他们的户口任然在农村。对于这样的被执行人，他们在城市里的仅有的一套住房是否可以请求法院对其强制执行呢?

要解答这个问题,我们首先应该明确,是否可以对房屋采取强制执行措施并不是由被执行人所拥有的房屋的数量来决定的,而是由这套房屋的性质来决定的。具体地说,只要这套房屋性质不是属于保障被执行人及其所扶养家属最低生活标准所必需的房屋,就可以对其进行强制执行。

我们知道,农村居民的住房保障问题是由农村宅基地制度来解决的。每一个农村家庭都会分得一块宅基地,法律还限制宅基地的买卖。

宅基地的分配是以家庭为单位的,如果被执行人的户口是在农村,那么他的居住问题及他所扶养家属的居住问题就必须由宅基地来解决。所以农村户口的被执行人在城里的所谓的"一套房"的性质就不属于"保障被执行人及其所扶养家属最低生活标准所必需的居住房屋"。

因此,这样的房屋是完全可以申请法院对其采取强制执行措施的。

(十一)如何执行人户分离的"一套房"

在针对被执行人房屋的强制执行案件中,我们经常会遇到"人户分离"的情况。所谓"人户分离"就是指被执行人仅拥有一套房屋的产权,但是他的户口没有迁入这套房屋,而是登记在其他地方的情况。在这种情况下,尽管被执行人只有一套房屋,但是我们仍然可以依法申请法院对这套房屋采取强制执行措施。

根据《户口登记条例》的规定,户口登记必须遵循"三原则":一是户口登记以户为单位,二是公民应当在经常居住地登记为常住人口,三是一个公民只能在一个地方登记常住户口。

根据相关规定,公安机关在办理户口登记时应该对人均居住面积进行审核。比如在上海,人均面积十平方米以下的房子就不能新添户口了。

所以被执行人的户口登记地就是他的经常居住地。也就是说,被执行人应该"经常居住"的房屋是他户口所在地的那套房屋。如果被执行人在户口登记地之外的地方又另外拥有了一套房屋，很显然这套房屋的性质就不是属于"保障被执行人及其所扶养家属最低生活标准"所必需的居住房屋。

举个例子来说，如果某个被执行人在A地拥有一处房产，而他的户籍在B地。因为他的户籍在B地，所以B地仍旧是其"经常居住地"。既然被执行人应该"经常居住"在B地，那么A处的房产就不是"保障被执行人及其所扶养家属最低生活标准所必需的居住房屋"。因此，我们可以申请法院强制执行被执行人在A处的房产。

（十二）如何执行超出标准的"一套房"

前面我们已经介绍过，"一套房不能执行"是对法律规定的一种曲解。正确的理解应该是：在保障被执行人的最低生活标准的居住条件下，法院可以依法对超出标准的住房进行强制执行，哪怕这套房屋是被执行人唯一的一套住房。

实际上在这种情况下，各地法院现在都会在保障被执行人及其扶养人的基本居住用房的前提下采取了"大房换小房"、"好地段换差地段"，或者"由申请人提供临时住房"等方式来进行强制执行。

由申请人提供临时住房是目前比较被法院所接受的一种执行模式。我们可以首先申请法院进行执行调查。在经过执行法院调查后，如果法院认为被执行人住房价值较大，将其住房变价偿还债务并支付案件执行产生的费用后，剩余价款能够满足被执行人及其抚养家属必要的生活时，我们就可以向法院提出，先由申请执行人提供临时住房，并垫付部分租金，执行人迁入临时住房居住，然后由执行法院依法将被执行人住房变价，偿还被执行人的债务。申请执行人垫付的租金和执行费用从剩余价款中予以扣除，剩余款项交付被执行人。

但是我们也应当注意到一个问题，多大面积的住房才是"保障被执行人及其所扶养家属最低生活标准的住房"，现有法律和执行规范还没有明文的规定。但是《最高人民法院关于人民法院执行设定抵押的房屋的规定》实施后，为解决这一问题提供了参考依据。实践中，我们可以要求法院参照《城镇最低收入家庭廉租住房管理办法》所规定的人均廉租住房面积标准来确定房产是否超出最低生活标准。

（十三）如何通过诉讼对"一套房"进行强制执行

实践中，被执行人的房产往往是与家庭成员共有的，而且是家庭的唯一居住房屋。尽管有的法院已经开始采取"大房换小房"、"好地段换差地段"，或者"由申请人提供临时住房"等执行方式，但是由于执行程序的特殊性，此类房产的执行目前来说还是一个难点。

在这种情况下，我们可以提过向法院提起"代位析产诉讼"，将被执行人的房产份额分割来解决问题。

代位析产之诉，是最高人民法院司法解释所确立的一种新型诉讼。简单地说就是在债务人没有与其他共有人达成分割协议的情况下，可以由债权人行使代位权，提起诉讼将债务人与他人共有的财产进行分割以供执行。

代为析产的程序属于"诉讼程序"，比"执行程序"的公正性和透明性是高很多，如果对一审的情况不满意，债权人还可以提起上诉。

同时，"代位析产之诉"还是一笔"无本买卖"。因为根据法律规定，代位权诉讼的律师费应该由对方承担。

代为析产诉讼的起诉状格式如下：

民事起诉状

原告，唐××，男，1949年4月3日出生，汉族，住所地××市××区××路××号。

被告，蒋××，男，1952年4月11日出生，汉族，住所地××市××区××路××号××室。

第三人，蒋××，男，1922年3月11日出生，汉族，住所地××市××区××路××号××室。

诉讼请求：

一、对被告与第三人共有的××路××号××室房屋按照各自应当享有的份额进行分割。

二、判令被告和第三人承担本案律师费人民币3000元。

三、本案诉讼费由被告承担。

事实与理由：

原告唐××系贵院受理的（2012）执字第231强制执行案的申请执行人，第三人蒋××系该案的被执行人。

位于××路××号××室的房屋的产权是被告与第三人共有的。

第三人（被执行人）在没有清偿债务，且没有其他可供执行的财产的情况下，应当按照法律规定与被告协议分割××路××号××室房屋，履行债务。但是被告和第三人均怠于对其共有房产进行分割。

为了维护自身的合法权利，特根据之规定，向人民法院提起代位析产诉讼，请求法院就共有物分割纠纷依法做出判决。

此致：××人民法院

具状人：×××

日期：　年　月　日

就程序而言，"代位析产诉讼"涉及诉讼和执行两个程序；就当事人而言，"代位析产诉讼"涉及申请执行人、被执行人和被执行人的共有产权人三方当事人，是比较复杂的民事诉讼案件，实际操作中必须注意以下几点：

首先，必须准确把握案由。"代位析产诉讼"属于共有权纠纷。按照最高院的规定，共有权纠纷只有共有权确认纠纷、共有物分割纠纷、共有人优先购买权纠纷这三类。很明显，"代位析产之诉"的性质属于"共有物分割纠纷"。请注意，分割房产和确认房产份额是完全不同的两个概念，分割房产属于给付之诉，确认房产份额属于确认之诉。

其次，必须在准确把握案由的基础上，将代位析产之诉的诉讼请求正确地表述为"请求法院按照共有人享有的产权份额分割房产"。只有这样，法院才会按照共有物分割纠纷来进行裁判。

根据法律规定，对于共有物分割纠纷判决结果只可能存在两种结果，即要么"一方拿房，另一方拿钱"，要么"房产变现，双方分割现金"。

如果将诉讼请求写成"请求法院确认被执行人在共有房屋中享有的产权份额"，那么法院只会按照"共有权确认纠纷"简单地确认各共有人的份额，这样我们仍然达不到将房屋变价清偿债务的目的。

六、对被执行人股票、基金、债券、期货的查明与执行

股票、基金、债券、期货各有不同，因此，对被执行人股票、基金、债券、期货的查明与执行也要考虑到这些投融资工具各自的特点。

（一）上市公司股票的基本知识

股票是证明股东在股份公司拥有股权的凭证，每张股票都代表股东对企业拥有一个基本单位的所有权，股东可以凭着股票取得股份公司的股息和红利。股票也是一种有价证券，股票是股份公司资本的一种物化形式，股票可以转让、买卖或作价抵押。当然股票也是一种可供执行的财产。

股票一经买入，只要股票发行公司存在，任何股票持有者都不能退股，不能向发行股票的公司要求抽回本金，但是股票持有人可以通过股票交易市场将股票卖出，将股票转让给其他投资者，以收回自己的投资。

根据股票交易方式的不同，股票可以分为上市公司股票和非上市公司股票。我们一般称的"股票"就是指上市公司的股票，这种股票是通过公开的股票交易市场进行交易的。

个人如果要买卖上市公司股票的话，必须先在某个银行开设一个资金账户，然后选择一家证券公司开设一个股票账户。

投资人如果需向股市投入资金购买股票，应该先以转账的方式，或者通过柜台存入现金的方式将资金注入资金账户内，然后向证券公司下达指令，动用资金账户内的钱购买自己选定的股票。这样，投资者资金账户内的钱减少，但同时会拥有股票。

投资者也可以向证券公司下达指令抛售某只股票，交易完成后，由证券登记结算公司进行股票交割、结算、登记之后售股的钱就会注入投资者的资金账户，这时，炒股者拥有的股票数量减少，但是资金账号内资金量增加。

上市公司股票的买卖已经实现了无纸化操作，所有的股票交易和资金的流动都会有电子档案留存。通过对股票的交易方法的分析，我们会发现调查被执行人的股票情况有三个关键的节点，一是资金账户，二是股票账户，三是证券登记结算公司。

在强制执行中，我们可以通过被执行人的资金账户和股票账户来查明被执行人所拥有股票的总市值和资金账户的资金余额，同时也可以了解到被执行人的股票交易情况和资金进出情况。

股票的总市值，就是指截至打印时止，根据市价，被执行人股票账号内所有股票的市场价值的总和。资金余额就是与股票账户绑定的资金账户内结存的资金数目。

在计算被执行人的股票账户总额时，应将当前股票总市值与当前资金账户内的数额相加累计得出的就是应分的股票价值。比如，经调查某人在股市内共有12只股票，截至打印对账单时止，12只股票总市值为33万元；资金账户内尚有2万元现金，其股票账号内应作为被执行的总资金额应为35万元。

所有在市场上进行公开交易的股票都必须提供证券结算登记公司进行交割、结算、登记。因此在不知道被执行人资金账户和股票账户的情况下，我们就必须通过证券结算登记公司来进行调查。

（二）怎样查明被执行人持有股票的情况

我们可以采取以下两种方法来调查被执行人持有股票的情况。

第一，通过证券公司进行调查。

在已经知道被执行人是在哪一家证券公司开户的情况下，我们可以委托律师申请法院调查令，或直接申请法院到证券公司调查，调取被执行人股票账户的股票交易对账单。

第二，通过中国证券登记结算公司来进行调查。

在不知道对方在哪一个证券公司开户的情况下，我们只要知道对方的身份证号就足以查明对方持有股票的情况。交割、结算、登记是股票交易的必经程序。目前，这项工作只能由中国证券登记结算公司来完成，所以通中国证券登记结算公司可以查询到所有股民的股票交易信息。

中国证券登记结算公司在上海和深圳设有两个分公司，分别具体负责沪、深两个市场的证券交割、结算、登记工作，所以我们必须分别通过上海分公司和深圳分公司来进行执行调查工作。

具体做法是在知道对方的身份证号码后，向法院申请调查令，或申请法院直接去中国证券结算公司上海分公司或深圳分公司调查对方的股票交易明细。申请法院直接调查的申请书可以参照如下：

法院调查取证申请书

××市××区人民法院：

贵院受理的案号为（2011）徐民执字第（××）号刘某申请强制执行赵某一案，贵院已立案受理。

赵某可供执行的财产是本案顺利执结的关键。因法律法规限制，申请执行人无法自行收集被执行人赵某的股票交易信息，故特申请法院调查收集。

拟调查单位：中国证券登记结算公司上海分公司。

拟调查事项：开户名为赵某（身份证号×××××××××××××××××××）自

2004年1月至2010年7月31日的股票交易情况及目前所持有股票的情况（请打印股票交易流水和资金对账单）。

申请人：××

年　月　日

通过证券登记结算公司只能查明被执行人股票账户的情况，而不能看到被执行人资金账户的情况。但是，根据登记结算公司所打印的被执行人的股票交易记录，我们可以查明对方开户的证券公司，然后再次向法院申请调查令或申请法院直接去具体开户的证券公司调取被执行人的资金账户对账单。这样被执行人的股票市值及资金账户余额就全部查清了。

一般来讲，中国证券登记结算公司不可能提供假证据。但是，我们在实践中遇到某证券公司向我们委托人提供了经过篡改的假对账单的情况，后来通过与证券结算公司的股票交易对账单进行核对发现了问题。如果案情重大、涉案金额较高，最好将股票交易对账单与账户资金对账单进行认真核实，特别是对于大户炒家，这是非常重要的工作。

（三）对被执行人持有的职工股如何强制执行

职工股又称"职工内部股"，是本公司内部职工以较其他股东更优惠条件取得的股份，旨在调动职工为公司创造价值的积极性。

一般而言，职工内部股转让都有一定的限制条件，除非公司章程或董事会另有规定，职工内部股只能在本公司职工内部进行转让。主要是防止股份转让的不平等性，保证发行职工内部股所要达到的调动职工积极性的目的。

尽管职工股一般只能在企业内部转让，但在强制执行中并非毫无意义。

对于被执行人所持有的职工股，我们首先应该申请法院予以扣押和查封，然后按照规定在企业内部进行转让；如果申请执行人也是该企业职工，还可以进行以票抵债；在转让困难的情况下应该对其分红或者股息进行强制执行。

我们建议，如果被执行人是股份制企业的职工，一定要对其是否持有职工股进行调查。尤其是改制设立的股份制企业的职工，必然在该企业中持有职工内部股，一定要及时查明具体的持有情况并采取执行措施。

我们可以委托律师凭法院调查令，前往被执行人的工作单位进行调查。调查令申请书的范本如下：

调查令申请书

××市××区人民法院：

贵院受理的案号为（2011）徐民执字第（×××××）号刘某申请强制执行赵某一案，贵院已立案受理。赵某可供执行的财产是本案顺利执结的关键。因法律法规限制，申请执行人无法自行收集被执行人赵某在其工作单位持有职工股的情况，故特申请法院签发调查令进行执行调查。

拟调查单位：××股份有限公司。

拟调查事项：1.被执行人赵某在××股份有限公司持有职工股的情况；2.该股份有限公司对职工股转让的相关规定。

申请人：××
年　月　日

（四）如何查找被执行人持有的基金

基金是一种金融工具。基金可以把众多投资者的零散资金汇集起来，并交给基金管理人进行管理，投资于股票、债券，以获取较高的投资收益。

基金的种类有很多，重要的一种划分方法是按照交易方式将基金分为开放式基金和封闭式基金，开放式基金允许投资人随时申购赎回，无固定规模，价格以基金净值为准，不受市场供求关系的左右。封闭式基金的规模在发行前已确定，在规定期限内规模固定不变。

由于开放式基金和封闭式基金的交易方式是完全不同的，所以对它们的调查渠道和方法也是不同的。

封闭式基金是在沪深市场公开交易的，因此对封闭式基金进行执行调查的渠道和方法与调查被执行人上市公司股票是完全一样的。一般来讲，我们在调查被执行人持有上市公司股票的时候应该一并查明被执行人持有的基金情况，以提高效率。

开放式基金的申购和赎回一般都是通过承销机构（主要是商业银行）来进行的，所以我们应该通过商业银行来进行执行调查。

（五）如何调查被执行人持有的债券

通俗地讲，债券就是发行人给投资人开出的"借据"。规范地讲，债券是发行人按照法定程序发行，并约定在一定期限内还本付息的有价证券。

这里的重点在于"有价证券"四个字，这说明债券可以成为被强制执行的对象。债券的利息通常是事先确定的，因此债券通常又称为固定收益证券，投资者获得的利息就等于债券面值乘以票面利率。正是由于这个特点，我们通常认为债券属于一种"方便执行物"。

所有债券都有偿还期限。债券的偿还期限是个时间段，起点是债券的发行日期，终点是债券票面上标明的偿还日期。偿还日期也称为到期日，债券的发行人应该在到期日偿还所有本息，债券所代表的债权债务关系也就终止了。如果你已将被执行人的债券冻结，此时就可以拿到现金了。

债券的种类也非常多。根据债券发行主体的不同，债券可分为政府债券、金融债券和公司债券三大类。但是在强制执行中，我们更加关注的是债券的另外一种分类，就是按照发行市场的不同对债券所进行的分类。

第一种是公开发行的债券。这种债券的特点是可以在交易市场进行公开的交易，我们可以十分方便地采用查明股票的方法来查明被执行人是否持有这种债券。

第二种是在银行间市场发行的债券。"在银行间市场发行"并不是指专门向银行发行，而是指这种债券不能在交易市场进行交易。

（六）对被执行人持有的股票应该怎样采取执行措施

股票只是一种有价证券，如果要以被执行人的股票来清偿债务，必须对股票采取一定的执行措施，将股票变价为金钱。对股票的执行措施主要有以下几种：

第一，裁定扣押。

如果被执行人拒不履行生效法律文书确定的金钱给付义务，人民法院可以依法做出裁定，强制扣押其持有的股票。股票一经扣押就剥夺了被执行人对有价证券的占有，被执行人就不能对有价证券进行任何处分，从而可以有效地防止被执行人转移财产。

第二，裁定拍卖、变卖。

由于股票具有很大的风险性，故扣押后应当及时处理。上市公司的股票一般采取这种方式实现变价。法院应该严格按照《最高人民法院关于人民法院执行工作若干问题的规定（试行）》第四十六条至第四十九条的规定对股票进行拍卖、变卖。

第三，强制转让。

对于一些特殊的股票，可以采取强制转让的方式来实现变价。由于股票是股份的物化形式，股票的转让实际上是股份的转让，而股份转让要按照公司法的有关规定进行。

第四，以股票抵债。

以股票抵债，是指将股票直接抵偿给债权人，用于清偿被执行人的债务。这实际上是一种以物抵债的方式。

《最高人民法院关于人民法院执行工作若干问题的规定（试行）》第五十二条规定："对被执行人在其他股份有限公司中持有的股份凭证（股票），人民法院可以扣押，并强制被执行人按照公司法的有关规定转让，也可以直接采取拍卖、变卖的方式进行处分，或直接将股票抵偿给债权人，用于清偿被执行人的债务。"

（七）如何查明被执行人持有的期货类金融资产

期货的英文为"futures"，是由"未来"一词演化而来，其含义是：交易双方不必在买卖发生的初期就交收实货，而是共同约定在未来的某一时候交收实货，因此中国人就称其为"期货"。

期货的标的物可以是某种商品（例如黄金、原油、农产品），也可以是金融工具，还可以是金融指标。交收期货的时间可以是一星期之后、一个月之后、三个月之后，甚至一年之后。买卖期货的合同或者协议叫做期货合约，买卖期货的场所叫做期货市场。

查明被执行人所持有的期货资产，可以从以下四家交易所入手：

一是上海期货交易所，目前上市交易的有黄金、铜、铝、锌、燃料油、天然橡胶六种期货合约。

二是郑州商品交易所（简称郑商所），上市交易的期货合约有小麦、棉花、白糖、精对苯二甲酸（PTA）、菜籽油、绿豆等，其中小麦包括优质强筋小麦和硬冬白（新国标普通）小麦。

三是大连商品交易所，是中国最大的农产品期货交易所。正式挂牌交易的品种是玉米、黄大豆1号、黄大豆2号、豆粕、豆油、棕榈油和线型低密度聚乙烯。

四是中国金融期货交易所，上市的期货品种为股指期货（沪深300股票指数期货）。

七、对被执行人知识产权的查明与执行

注册商标专用权、专利权、著作权都被称为知识产权，域名权也属于知识产权的一种。知识产权中既含有财产性权利，也含有非财产性权利。财产性权利和非财产性权利都是知识产权的权能，两者相互关联，财产性权利在知识产权中居于核心地位。知识产权中的财产权如稿酬、专利转让费或使用费、商标转让费或使用费、因发现或发明而获得的报酬、奖金等，这些财产属于知识产权所有者所有，如果该所有者成为被执行人，人民法院就可以执行这些财产。

知识产权具有可转让性。《中华人民共和国商标法》第二十五条规定"转让注册商标的，转让人和受让人应当共同向商标局提出申请"；《中华人民共和国专利法》第十条规定"专利申请权和专利权可以转让"；《中华人民共和国著作权法》亦有类似之规定。由此可见，知识产权中的财产性权利可以依法转让，这样就可以将被执行人的知识产权变价为金钱。另外，知识产权中的人身权因与人身不可分离，且无财产内容，故不能成为金钱给付的执行对象。

（一）注册商标专用权的查明

中国商标网是国家工商行政管理总局商标局主办的唯一在线查询注册商标信息的网站，免费提供商标网上查询服务。网址是www.ctmo.gov.cn或sbj.saic.gov.cn。

我们只要知道被执行人的姓名，就可以通过中国商标网来查询对方名下是否有注册商标。图1是中国商标网的网页截图。

图1　中国商标网网页截图

　　在查明被执行人的注册商标专用权时，必须注意被执行人是否在同一种或者类似商品上注册了相同或者近似的商标。如果有的话，应该一并查明。

　　因为《商标法实施条例》第二十六条规定，"注册商标专用权移转的，注册商标专用权人在同一种或者类似商品上注册的相同或者近似的商标，应当一并移转；未一并移转的，由商标局通知其限期改正；期满不改正的，视为放弃该移转注册商标的申请，商标局应当书面通知申请人。"

　　最高院也在有关司法解释中明确，应该对被执行人在同一种或者类似商品上注册了相同或者近似的商标一并进行强制执行。

　　如果忽视了这一点，极有可能使执行措施归于无效。

（二）专利权的查明

　　专利权的信息也是公开的，可以登录国家知识产权局网站查询，图2是该网站截图。

图2　国家知识产权局网站截图

　　被执行人有可能是专利的发明人，也有可能是专利的申请人，应该一一查明。

（三）域名的查明

　　被执行人在中国域名中心登记的网络域名权，法院可以查封并拍卖、变卖或以权利抵债。域名的查明很方便，只要了解网址，在互联网输入网址，进入网页，在网页下方就有网页版权信息，ICP增值业务许可证号。但是要注意的是，有时候网页上的版权人，不一定是网络域名所有人。因此，还要通过中国域名管理中心（CNNC）查询网站的实际权利人，域名可以在工业和信息化部的官方网站上进行查询。登陆工信部的网站，在首页的右下角有一个"公共查询"。进入系统后按照提示操作，就可以查出这个网站的负责人姓名，以及这个主办单位性质、网站备案/许可证号、网站名称（图3）。

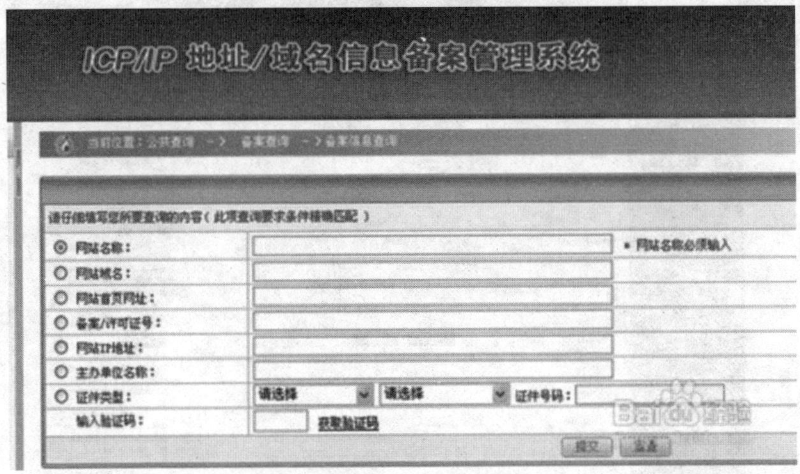

图3　中国域名管理中心网站

　　法院查封被执行人的网络域名，如果是".cn"域名，应到中国域名管理中心（CNNC）办理查封登记手续。查封后，中国域名管理中心将限制被执行人继续使用该域名，网络用户通过该域名将无法登陆该网站；如果被执行人享有的域名权是".com"的域名，中国域名管理中心将无法协助办理查封登记手续。但是，2016年3月28日，工信部发布《互联网域名管理办法（修订征求意见稿）》，其中第三十七条规定，在境内进行网络接入的域名应当由境内域名注册服务机构提供服务，并由境内域名注册管理机构运行管理。在境内进行网络接入，但不属于境内域名注册服务机构管理的域名，互联网接入服务提供者不得为其提供网络接入服务。简言之，在中国开展业务的网站，也就是服务器在中国的网站（无论中国网站还是国外网站），域名必须在中国注册。如果该条新规实施，则所有在中国开展业务的公司和个人均只能在中国注册域名，申请执行人要求中国域名管理中心查封登记域名的障碍将会减少。

　　法院要限制被执行人的网站运营，可以在查找到该网站服务器后将服务器予以查封。

（四）如何对无形资产采取执行措施

对知识产权中财产权的执行措施和方法主要有以下几种：

第一，裁定禁止转让。

这是一种控制性的执行措施，就是由法院发出一封裁定书，被执行人转让其专利权、注册商标专用权、著作权（财产权部分）等知识产权。

著作权一般不需要登记取得，所以无需要求登记主管部门协助执行。但目前的著作权登记制度提倡著作权人做登记，而且大多会在著作权登记机关做备案和公示。

专利权和注册商标专用权都要经过主管机关登记才能取得，所以在向被执行人发出裁定的同时，应当向登记主管部门发出协助执行通知书，要求其不得办理财产权转移手续。如未要求登记主管部门协助执行，被执行人仍然可以办理转让手续，这就容易使禁止措施流于形式。

同时，如若有第三债务人，应禁止第三债务人向被执行人清偿、交付或转移财产权。若无第三债务人存在，则只禁止权利人处分即可。

第二，留置证照。

为防止被执行人擅自转让权利，可以责令被执行人将产权或使用权证照交执行法院保存，使之不能转让。如果拒不交出，人民法院则可以依法采取搜查措施，搜取证照予以留置保存。

第三，裁定拍卖、变卖、强制转让、强制许可。

裁定禁止转让或者留置证照后，如果被执行人仍不履行金钱给付义务，我们就可以采取拍卖、变卖等强制执行措施，出卖其财产权，换取价款清偿债务。

凡可适用拍卖、变卖措施的，都可以采取拍卖、变卖等强制执行措施，出卖其财产权，换取价款清偿债务。

对知识产权也可以像执行有形财产一样采用"以物抵债"的方式来执行，也就是将知识产权转让给申请执行人从而抵消债务。具体变价应根据财产权的种类、性质，采取适当的方法进行。

知识产权的使用权可以进行交易，俗称"许可权交易"。因此对知识产权的变价的方式除了可以对权利本身进行转让以外，还可以对其使用权采取措施，如有期限地转让使用权或以使用权抵债。

凡是权利主体可以自行行使的权利，执行中可以强制行使。这类似于专利法中的强制许可，只是由人民法院决定而不是由行政机关决定。

由法院委托评估机构进行评估，也经申请执行人和被执行人同意，可以不经拍卖、变卖程序，直接将被执行人的知识产权以评估价格交申请执行人抵偿债务，对剩余债务，被执行人应依法继续清偿。如果评估价格超过债权数额，那么超过部分应返还给被执行人。如果申请执行人和被执行人对评估价格不予以认同，那么法院可委托拍卖或变卖，用所得价金来清偿债权，超过部分仍应归还被执行人。对于买受人而言，法院应当做出裁定，确认买受人的权利。买受人持该裁定到有关部门进行变更登记，同时法院依《民事诉讼法》第二百三十条的规定发出协助执行通知书，从而保证产权的顺利、安全转让，以利于执行目的的实现。

第四，裁定扣留、提取。

对于和知识产权有关的如稿费、发明报酬等劳动收入，应当采取扣留提取措施，向有关单位送达扣留、提取裁定书和协助执行通知书，提取稿费或报酬，用以清偿债务。

八、对被执行人享有第三人债权的查明与执行

第三人到期债权是指被执行人不能清偿债务，但对案外的第三人享有的债权，人民法院可以依申请执行人或被执行人的申请，对该第三人强制执行。由于债权具有相对性、可转让性和可代位清偿的特点，且债务人的财产是其所负债务的担保之原理，产生了对被执行人债权进行强制执行的制度，又称为"代位执行制度"。[①] 最高人民法院关于适用《中华人民共和国民事诉讼法》的解释第一百五十八条和第一百五十九条规定，"人民法院对债务人到期应得的收益，可以采取财产保全措施，限制其支取，通知有关单位协助执行。""债务人的财产不能满足保全请求，但对他人有到期债权的，人民法院可以依债权人的申请裁定该他人不得对本案债务人清偿。该他人要求偿付的，由人民法院提存财物或者价款。"并且第五百零一条规定，人民法院执行被执行人对他人的到期债权，可以作出冻结债权的裁定，并通知该他人向申请执行人履行。因此，被执行人向第三人享有的到期债权也属于责任财产范围，可以依法执行或保全。对第三人债权的处理有三种情况：一是对生效法律文书确认债权的执行，即执行法院可以书面通知被执行人在限期内向有管辖权的人民法院申请执行该生效法律文书，若限期届满被执行人仍怠于申请执行，则执行法院可以强制执行该到期债权。二是可以依法保全未到期债权，但必须待该债权到期后才能参照到期债权予以执行。三是必须进行诉讼的情形，即根据《中华人民共和国合同法》第七十三条、七十四条的规定，应当提起代位权诉讼、撤销权诉讼的，执行法院可以告知申请执行

---

① 江必新.强制执行法理论与实务[M].北京：中国法制出版社，2014：654.

人依法起诉。① 也就是第三人在法定期间对到期债权提出异议时，对所提异议部分的债权不得强制执行，而由申请执行人作为债权人提出代位权诉讼解决。上述第一种情况，可以通过司法判决数据库来查询被执行人作为债权人的生效法律文书；第三种情况，涉及到实体权利的认定和处分，要通过诉讼解决，本书暂不展开论述。本节主要讨论第二种情形，也就是对被执行人向第三人未到期债权的调查。对于未到期债权，债权人对债务人享有的是期待权，由于债权未届清偿期，债权人不能请求债务人提前清偿，否则就违反债权产生的实体基础。执行法院不能以损害第三人利益的执行措施如处分性措施来保障申请执行人债权的实现，但是因控制性措施对第三人利益并无实质影响，执行法院可以为之。② 《最高人民法院关于依法制裁规避执行行为的若干意见》（法〔2011〕195号）规定，对于被执行人的未到期债权，执行法院可以依法冻结，待债权到期后参照到期债权予以执行。第三人仅以该债务未到期为由提出异议的，不影响该债权的保全。具体来说，未到期的债权包括以下几类权益。

（一）取回权

取回权是一项特殊权利，它渊源于民法上的财产返还权，但又有所改造和创新，是指人民法院受理破产申请后，债务人占有的不属于债务人的财产，该财产的权利人可以通过管理人取回。取回权具有债权和物权的属性，属于强制执行的责任财产。取回权的行使不受破产程序限制，也无须通过诉讼程序（无争议时），但取回财产须通过清算组行使。此时，强制执行申请人可以通过申请法院，督促执行义务人行使该项权利，从取回权行使后取回的财物中获得债务的清偿。破产管理人成为负有向被执行人履行债务的

---

① 《遏制和扭转规避执行行为造成的恶劣影响　最大限度地实现生效法律文书确认的债权——最高人民法院执行局负责人答记者问（最高人民法院　2011年6月）》，来源：人民法院网。
② 江必新.强制执行法理论与实务[M].北京：中国法制出版社，2014：663.

第三人。

第一，一般取回权。

《中华人民共和国破产法》第十九条规定，"人民法院受理破产申请后，有关债务人财产的保全措施应当解除，执行程序应当中止。"《破产法司法解释（二）》规定，权利人依据人民法院或者仲裁机关的相关生效法律文书向管理人主张取回所涉争议财产，管理人以生效法律文书错误为由拒绝其行使取回权的，人民法院不予支持。

权利人行使取回权，应当在破产财产变价方案或者和解协议、重整计划草案提交债权人会议表决前向管理人提出。权利人在上述期限后主张取回相关财产的，应当承担延迟行使取回权增加的相关费用。破产法上的取回权在破产宣告后才能形成。在破产财产分配前，如未行使取回权的，视为放弃行使取回权。破产财产分配后，再行使取回权的，不发生法律效力。

取回权的行使只限于取回原物。如在破产案件受理前，原物已被破产人卖出，就不能再要求取回价款，只能以物价作为破产债权要求清偿。原物的售出或灭失，使取回权消灭，转化为破产债权。但是，如果原物是在破产宣告后被清算组售出，则取回权人有权要求清算组归还所收物款，不必作为破产债权受偿。

第二，出卖人取回权。

《企业破产法》第三十九条规定："人民法院受理破产申请时，出卖人已将买卖标的物向作为买受人的债务人发运，债务人尚未收到且未付清全部价款的，出卖人可以取回在运途中的标的物。但是，管理人可以支付全部价款，请求出卖人交付标的物。"这是对特别取回权中出卖人取回权的规定。

《破产法司法解释（二）》第三十九条规定："出卖人依据企业破产法第三十九条的规定，通过通知承运人或者实际占有人中止运输、返还货物、变更到达地，或者将货物交给其他收货人等方式，对在运途中标的物主张了取回权但未能实现，或者在货物未达管理人前已向管理人主张取回在运途中标的物，在买卖标的物到达管理人后，出卖人向管理人主张取回的，管理人应予准许。出卖人对在运途中标的物未及时行使取回权，在买卖标的物到达管理人后向管理人行使在运途中标的物取回权的，管理人不应准许。"

律师对执行义务人享有的取回权的查明，主要有以下几种途径：首先查询执行义务人与破产债务人的往来账目和经营合同，依据合同履行情况，了解执行义务人享有取回权的财物；其次，跟踪破产案件进展，及时介入，向法院提出申请，督促执行义务人向破产清算管理人在破产财产变价方案或者和解协议、重整计划草案提交债权人会议表决前向管理人提出行使取回权；另一方面，为避免管理人对执行义务人享有的取回权存在争议，应督促申请执行人在破产程序之前尽快提起诉讼，查封冻结该部分财产，形成生效法律文书。

（二）受益权

第一，保险受益权。

1. 保险受益权。保险受益权是指对保险金享有的请求权。这种财产权益表现在两方面：一方面是当投保人解除保险合同时，投保人可以获取保单的现金价值；另一方面是当保险合同约定的保险事故发生时，受益人可获得保险金。

尽管保险法第二十三条规定："任何单位或者个人都不得非法干预保险人履行赔偿或者给付保险金的义务，也不得限制被保险人或者受益人取得保险金的权利。"但是，由于一些债务人在从银行贷款、借贷他人款项、挪用单位资金等方式获取大额资金后隐蔽地投向保险领域，购买分红理财保险，使法院在民事纠纷中忽略了对保险领域的调查，而使债权人的利益最终得不到依法保护。因此，在司法实践中，保险受益权属于强制执行责任财产。浙江省高级人民法院《关于加强和规范对被执行人拥有的人身保险产品财产利益执行的通知》（浙高法执〔2015〕8号）第一条明确规定，投保人购买传统型、分红型、投资连接型、万能型人身保险产品，依保单约定可获得的生存保险金或以现金方式支付的保单红利，或退保后保单的现金价值，均属于投保人、被保险人或受益人的财产权。当投保人、被保险人或受益人作为被执行人时，该财产权属于责任财产，人民法院可以执行。保险公司成为负有向被执行人实现到期债权的第三人。

关于保险受益权的执行措施，其中规定："人民法院要求保险机构协助扣划保险产品退保后可得财产利益时，一般应提供投保人签署的退保申请书，但被执行人下落不明，或者拒绝签署退保申请书的，执行法院可以向保险机构发出执行裁定书、协助执行通知书要求协助扣划保险产品退保后可得财产利益，保险机构负有协助义务。"[①]

第二，信托受益权。

信托受益权属于强制执行的责任财产。信托受益权是指受益人请求受托人支付信托利益的权利。按照信托利益是否归属于委托人，分为自益信托与他益信托。若受益人是委托人之外的第三人，受益权归属与第三人的，则为他益信托。《中华人民共和国信托法》规定，信托受益权可以放弃、偿还债务、依法转让或继承，因此，从本质上讲，信托受益权属于财产权。《信托法》对信托受益权做了如下规定："受益人不能清偿到期债务的，其信托受益权可以用于清偿债务，但法律、行政法规以及信托文件有限制性规定的除外。受益人的信托受益权可以依法转让和继承，但信托文件有限制性规定的除外。"[②] 因此，信托受益权是强制执行的责任财产范围。信托受益权的行使只有通过向受托人请求给付的方式实现，因而更多体现了债权性质。信托受益权主要包括：①在信托存续期间，凡是基于受托人对信托财产进行管理而产生的收益均由受益人享有，除法律另有规定，受托人和委托人均无权分

[①] 浙江省高级人民法院《关于加强和规范对被执行人拥有的人身保险产品财产利益执行的通知》（浙高法执〔2015〕8号）第五条。
[②] 《中华人民共和国信托法》第四十七条。

享信托财产上产生的利益；②在信托终止，信托文件没有另外规定信托财产归属人的情况下，受益人享有获得信托财产本金的权利，这项权利又可被称为本金受益权。强制执行申请人作为债权人，可以主张执行债务人的信托受益权。此时，作为受托人的信托公司就成为负有向被执行人履行义务的第三人。

实践中，信托受益权的强制执行公证是信托公司设计信托受益权合同的标准配置。如果申请执行人意图对被执行人已经设定强制执行公证的信托收益权主张强制执行，可以通过审查强制执行公证文书的效力，提起撤销之诉，撤销强制执行的公证文书的法律效力，来获得对被执行人信托受益权的执行。

在特定情况下，信托财产可以作为强制执行的责任财产。根据《信托法》第十七条规定，符合下述四种情形的，信托财产可以强制执行：（一）设立信托前债权人已对该信托财产享有优先受偿的权利，并依法行使该权利的；（二）受托人处理信托事务所产生债务，债权人要求清偿该债务的；（三）信托财产本身应担负的税款；（四）法律规定的其他情形。对于违反前款规定而强制执行信托财产，委托人、受托人或者受益人有权向人民法院提出异议。

律师主要通过以下途径进行查明：首先，向相应信托登记中心查询。2006年6月，上海浦东新区就设立了上海信托登记中心，成为国内首家信托登记中心。此后，北京金融资产交易所、天津金融资产交易所等产权交易中心相继成立。这三个机构业务范围主要包括信托基本信息登记、信托财产登记、信托相关的信息披露与信息发布、促进信托产品标准化和流动性的相关业务等。信托公司的设立和管理机构是中国银行业监督管理委员会，2015年银监会正式批准全国信托登记中心落户上海自贸区，随着信托法的完善，信托产品信息的查询将会更加便利。

其次，向财产登记部门查询。法律、法规尚未对信托财产作出全国性统一登记平台规定的情形下，信托财产必须符合现有物权登记制度。即不动产信托流转登记应当受国务院《条例》的制约，在国土资源部门实施登记；股权信托应当在工商部门登记；知识产权之财产权信托应当在其主管部门登记等等。律师查询步骤在前面章节已有论述，此处不再赘述。

再次，审查信托合同，并获知信托受益权的性质和实现的时间。如果信托合同已经设立了其他债权人的强制执行公证的，审查公证文书的效力，衡量是否可以提起撤销之诉。

最后，根据申请执行人的要求，向法院提交申请债权保全文书，申请执行法院向受托人发出协助执行通知书，要求其在信托法律关系终止时将受益人应得的财产或收益协助法院执行，协助办理信托受益权的移转等事项。至于信托法律关系的终止，应根据信托法的规定或合同双方的约定，执行法院不得强行终止信托，不得侵犯信托法律关系中合同双方的合法权益。[①]

（三）担保物权

《最高人民法院关于适用〈中华人民共和国民事诉讼法〉的解释》第四百七十一条规定："被执行人在人民法院决定暂缓执行的期限届满后仍不履行义务的，人民法院可以直接执行担保财产，或者裁定执行担保人的财产，但执行担保人的财产以担保人应当履行义务部分的财产为限。"从上述规定看，若主债务人届期不能清偿到期债务，债权人无须先向人民法院起诉以确认抵押权人的权利，而是可以直接申请人民法院拍卖、变卖抵押财产。可见，担保债权是一种可以实现的财产权，也是强制执行的责任财产。担保财产所有人或担保人成为应履行担保义务的第三人。2016年4月12日，最高人民法院公布了《关于首先查封法院与优先债权执行法院处分查封财产有关问题的批复》，其中明确保障实体法上优先债权制度的实现，因此，能够查明债务人享有的担保物权和担保之债，并尽早介入执行程序，不失为保障债权人利益的有效措施。

---

① 吴宪光，于泓.信托财产和信托受益权强制执行问题研析，执行工作指导（总第26辑）[M].北京：人民法院出版社，2008：64-65.

对于债务人享有的担保物权，律师查明的途径主要有：首先，向财产登记部门查询抵押物登记的现状，获取抵押合同，了解该抵押物上是否有其他抵押权人，审查担保债权是否到期；其次，将执行担保和到期债权中的第三人追加为被执行人，如果抵押物上没有设定其他抵押权人，可以直接申请保全并强制执行；再次，如果抵押物上还有其他抵押权人，则督促被执行人在其债权到期后通过诉讼取得对抵押物具有执行效力的法律文书，尽早在诉讼阶段向执行机构提出保全申请，并及早进入强制执行程序，以利于享有强制执行财产分配中的优先权。

对被执行人享有的向第三人的债权，具体执行程序如下：

对于未到期债权，执行法院只能依据申请执行人或被执行人的申请，向第三人发出裁定书以冻结该债权，裁定书包括以下内容：①禁止第三人提前或到期时向向被执行人清偿；②第三人可以提前或应当在到期时直接向申请执行人履行其对被执行人所负的债务，提前清偿申请执行人不接受的，可向法院申请提存；③第三人对该笔债务有异议的，应当在收到冻结裁定书后15日内向执行法院提出；④第三人违背上述义务的法律后果。裁定书应送达被执行人和第三人。第三人提出异议的，适用执行到期债权对异议审查的规定。待该债权到期时，再转为按照到期债权的执行方法执行。

执行被执行人到期债权，应按以下程序进行：第一，由申请执行人向人民法院提出执行被执行人到期债权的申请，并由申请执行人提供被执行人对第三人有到期债权的证据材料或有关线索。人民法院须对提供的材料或线索加以审查，认为明显不符合执行条件的，不予受理；第二，人民法院经过审查，认为申请执行人的申请符合有关法律规定的，即可以向有关第三人发出协助执行通知书，通知该第三人协助将被执行人对该第三人的到期债权根据人民法院指定的数额转移给申请执行人；第三，如果第三人在人民法院指定的期限内根据人民法院指定的数额向申请执行人履行完毕，则人民法院应及时向被执行人发出通知，告知被执行人对第三人的到期债权的全部或部分已由第三人向申请执行人履行完毕，被执行人对申请执行人所欠相应数额债务不须再加以履行，并不可再对第三人主张该部分债权；第四，如果第三人在收到人民法院的协助执行通知之后，提出违约责任等异议，则人民法院不须予以审查，即应裁定中止对该项债权的执行；第五，如果该第三人在法院指定的期限内未提出书面异议，又未按人民法院的通知协助执行，人民法院则应当制作民事裁定书，对该项债权予以强制执行。强制执行完毕后，应将有关情况及时告知被执行人，并通知被执行人不必再向申请执行人履行已强制执行数额的债务，并不应对第三人就该项被强制执行的债权再主张权利。

第三编

强制执行典型案例精选

案例一：赵春连申请执行张宇昊机动车交通事故案

【基本案情】

2010年7月31日21时41分，李福胜驾驶三轮车（后乘坐申请人赵春连）与被执行人张宇昊发生机动车交通事故。事故造成赵春连脑外伤精神分裂，一级伤残，丧失诉讼能力，经交管部门鉴定，张宇昊负事故全部责任。2011年3月，赵春连之夫李福胜代其向北京市丰台区人民法院提起诉讼。

北京市丰台区人民法院一审判决：张宇昊赔付赵春连医疗费、误工费、残疾赔偿金、住院伙食补助等共计129万余元。判决做出后，张宇昊向北京市第二中级人民法院提起上诉，北京市第二中级人民法院做出民事调解书，该调解书确定张宇昊分期给付赵春连各项赔偿款共计90万元。张宇昊于调解书做出当日给付赵春连20万元，其后对剩余赔偿款不再按调解书继续给付。李福胜代赵春连于2012年7月23日向北京市丰台区人民法院申请强制执行，该院依法受理。

【裁决与执行】

在执行过程中，法院及时发出执行通知并多次传唤被执行人张宇昊，张宇昊拒不露面、隐匿行踪，承办法官多次到被执行人住所地查找张宇昊，亦未发现其下落。张宇昊名下的肇事车辆被依法查封档案，但无法查找到该车，其名下七个银行账户余额为零或只有几十元钱，名下也无房产登记信息，案件未能取得实际进展。该案申请执行人赵春连丧失劳动能力且生活不能自理,被执行人拒不执行的行为致使申请执行人一家的生活陷入困境。为维护申请执行人的合法权益,法院加大了对被执行人张宇昊财产线索的查找力度,承办法官先后到保险公司、银行等机构查询张宇昊的保险理赔金支取情况和资金往来状况,发现张宇昊在二审调解后、申请执行前将保险公司赔付的10万元商业第三者责任险保险理赔金领取,但未支付给申请执行人。同时,发现其银行账户虽无存款但之前每月有5000余元的流水记录。查明上述情况后,承办法官立即与被执行人张宇昊的父亲取得联系,要求张宇昊尽快履行义务,张宇昊父亲声称张宇昊不在北京且其无能力履行,张宇昊本人则仍旧拒不露面。鉴于张宇昊转移财产、规避执行的上述行为,依据法律有关规定,2014年10月18日,北京市丰台区人民法院以涉嫌拒不执行判决、裁定罪将案件移送北京市公安局丰台分局立案侦查。

北京市丰台区人民法院受理案件后,被执行人张宇昊拒不露面,转移财产,规避执行,涉嫌构成拒不执行判决、裁定罪。北京市丰台区人民法院将案件证据线索移送公安机关立案侦查后,张宇昊主动交纳10万元案款,其被刑事拘留后,张宇昊亲属将剩余60万元执行款交到法院,该案得以顺利执结。同时,北京市公安局丰台分局以涉嫌拒不执行判决、裁定罪将张宇昊移送到北京市丰台区人民检察院提起公诉。2015年2月4日,北京市丰台区人民法院依法判处张宇昊有期徒刑六个月,缓期一年执行。

【典型意义】

本案是一起因被执行人拒不执行而将其犯罪线索移送公安机关追究其刑事责任的典型案例。本案标的额较大,所以在考虑被执行人履行能力的情况下,二审法院调解书确定被告张宇昊分期履行。但被告张宇昊在调解书生效后并没有积极地履行义务,无视法院判决,蔑视司法权威。申请执行人赵春连申请执行后,被执行人张宇昊又故意隐匿行踪,转移财产规避执行,主观恶意明显,并导致申请执行人因事故造成的损害进一步扩大,使其家庭生活陷入极度的困顿。在法官掌握被告转移财产、规避执行的证据后再次要求被执行人履行义务，并告知其如果继续规避执行将要承担刑事责任，但被执行人依旧拒不露面，抗拒法院执行，无视司法权威。鉴于被执行人的上述行为，承办法官依据相关法律规定，将其拒不执行法院生效判决的证据和线索移送公安机关，由公安机关立案侦查，追究其刑事责任。最终在刑事处罚的威慑下，被执行人主动履行了判决义务，这也从另一个方面证明了其实际具有履行能力，被执行人张宇昊必将因其损害司法权威、妨害司法秩序的行为而付出沉重的代价。

该案通过追究被执行人刑事责任，维护了申请人的合法权益，捍卫了法律和司法的尊严，警示和威慑了所有意图拒不履行义务，拒不履行法院判决、裁定确定义务的被执行人。①

---

① 摘自《2015年4月最高院公布的典型案例》：来源北大法律信息网。

案例二：五矿国际货运有限责任公司申请扣押海芝轮案

【基本案情】

2000年9月6日，五矿国际货运有限责任公司（以下简称五矿公司）与海南龙珠船务有限公司（以下简称龙珠公司）签订光船租赁协议，承租龙珠公司光租经营的海芝轮（HOT CHI）。2000年11月，双方达成还船协议，五矿公司将"海芝"轮交还龙珠公司，但龙珠公司拖欠五矿公司光租保证金及其他款项3483887.37元。2002年1月18日，五矿公司向宁波海事法院提出诉前海事请求保全申请，要求扣押龙珠公司光租经营的停泊在温州港的海芝轮，责令龙珠公司提供400万元的担保。

【裁决与执行】

2002年1月21日，宁波海事法院做出裁定：准许五矿公司的诉前海事请求保全，并在温州小门岛液化气码头扣押了海芝轮。经查，海芝轮登记为圣文森特和格林纳汀斯（加勒比海的向风群岛南部国家）的力涛航运有限公司（OCEAN LINK SHIPPING LIMITED以下简称LINK公司）所有，1999年8月5日LINK公司以光船形式将海芝轮租给龙珠公司经营，并在海口港监办理了船舶光租登记，属海关监管船舶。海芝轮扣押后，五矿公司、船舶抵押权人中国船舶工业贸易公司、船舶管理人珠海市宏舟船务有限公司分别向宁波海事法院提起诉讼；全体船员因得不到劳动报酬，商定由船长作为代表起诉讨要工资；海口海关申请债权，要求在船舶拍卖过程中扣缴相关税款。五矿公司与龙珠公司光租租赁合同纠纷一案判决生效后，宁波海事法院根据五矿公司的申请，裁定拍卖海芝轮，后以2338万元（含税款）成交。在优先拨付诉讼费用、国家税收、船舶保管、拍卖等费用后，余款由各债权人依法受偿分配。

【典型意义】

本案以具体案例明确海事请求权人可以申请扣押并拍卖承租人光租的当事船舶，较好地衔接了光租船舶的扣押和拍卖程序，有力地保障了海事请求权人的合法权益。二是明确境外船舶光租入境因拍卖转为国内船舶，进口环节国家税收应予优先拨付。海芝轮光租入境，属于海关监管船舶，因法院司法拍卖转为国内船舶时，依法缴纳相关国家税收（包括海关关税、代征增值税和光租税共计4 762 785.75元），该笔费用应视为《中华人民共和国海商法》第二十四条规定的"为海事请求人的共同利益而支付的其他费用"优先拨付。

本案在妥善分配处理多项债权的情况下，依法保护了国家税收收入，维护了海关监管制度。①

---

① 摘自《全国海事法院船舶扣押与拍卖十大典型案例（2015年2月28日）》，来源：北大法律信息网。

案例三：李超拒不执行判决、裁定案

【基本案情】

2009年2月，王清晨委托李超办理其名下位于北京市西城区一套房产的房屋买卖及产权转移手续。2009年5月，李超将该套房屋卖给第三人并办理了过户手续，收取购房款68万元，但未交付王清晨。王清晨多次催要未果，向北京市东城区人民法院提起诉讼。

【裁决与执行】

2011年11月，北京市东城区人民法院做出民事判决，判令李超返还王清晨购房款68万元及利息。判决生效后，李超未履行还款义务，王清晨遂向法院申请强制执行。

北京市东城区人民法院立案执行后向李超发出履行通知，并通过多种方式要求其来法院谈话，李超接到通知后均未前往。2012年3月15日，李超在委托律师到法院接受谈话的当天，将其个人银行账户中的26万余元存款提现，并于当年9月以个人名义购买宝马K33型轿车一辆，致使生效判决无法执行。后执行人员多次联系李超并寻找其下落，均无收获。2014年12月，北京市东城区人民法院将李超提取存款购置豪华汽车、逃避执行的相关证据材料移送公安机关。2015年1月19日，北京市公安局东城区分局对李超以涉嫌拒不执行判决、裁定罪立案侦查。李超被公安机关抓获后，在其家属的配合下68万元执行款全部履行到位。2015年3月30日，北京市东城区人民法院对被告人李超被指控犯拒不执行判决、裁定罪一案进行公开审理并当庭宣判，认定检察机关对被告人李超的指控罪名成立，依法判处其拘役六个月。

【典型意义】

被执行人李超在明知案件进入执行程序后拒不到法院接受谈话，亦不履行判决确定的义务，且将其名下银行存款取出购置豪华汽车，显然属于有能力执行而拒不执行，情节严重，符合拒不执行判决、裁定罪的构成要件。虽然李超在被公安机关抓获后，其家属将68万元执行款全部履行到位，但由于其逃避执行情节严重，仍被依法提起公诉。法院综合考虑其犯罪事实、性质、情节和危害程度，依法以拒不执行判决、裁定罪判处其拘役六个月，属于罚当其罪。李超为其失信和抗拒执行行为付出了应有的法律代价。

本案是一起典型的拒不执行判决、裁定罪案件。①

---

① 摘自《最高人民法院发布十起人民法院依法惩处拒执罪典型案例（2015年7月21日）》，来源：北大法律信息网。

案例四：首都师范大学与中建物业管理公司供用热力合同纠纷执行案

【基本案情】

首都师范大学与中建物业管理公司供用热力合同纠纷一案，北京市海淀区人民法院判决中建物业管理公司给付首都师范大学供暖费2913715.7元以及利息270025.17元。一审判决后，中建物业管理公司提起上诉。北京市第一中级人民法院二审判决驳回上诉，维持原判。

【裁决与执行】

由于中建物业管理公司未履行生效判决确定的义务，首都师范大学向北京市海淀区人民法院申请执行。执行法院要求中建物业管理公司申报财产情况。中建物业管理公司申报了中国工商银行和兴业银行两个银行账户，执行法院对两个账户进行了冻结，仅扣划到9800元。执行法院进一步调查发现，中建物业管理公司在中国建设银行还开立有一个账户，执行法院遂冻结了该账上仅有的存款13 289.02元。执行法院要求中建物业管理公司负责人到庭说明为何没有如实申报财产，并要求中建物业管理公司提供三个银行账号的对账单和会计凭证供调查。中建物业管理公司负责人未到庭，且未提供对账单和会计凭证。鉴于此，执行法院对中建物业管理公司的办公场所进行了搜查。通过查阅搜查获取的会计账簿，发现中建物业管理公司以工资、药费、差旅费等名义向中建北配楼招待所支付了大笔费用，累计近百万元。执行法院调取了中建物业管理公司的中国建设银行账户交易记录，显示在执行法院发出执行通知书后，中建物业管理公司仍有多笔大额资金往来。执行法院到中建北配楼招待所的经营场所进行调查，发现招待所条件十分简陋，仅有六名员工，月经营收入为两万至三万元。

经过调查，执行法院掌握了大量确凿的证据，证明中建物业管理公司在收到执行通知书后未如实申报财产情况，其将经营收入等大笔资金转入中建北配楼招待所的银行账户，以达到转移财产，规避执行的目的。因此，执行法院对中建物业管理公司的负责人采取了拘留措施，并决定对中建物业管理公司的账目进行审计。执行法院采取强制措施后，中建物业管理公司迫于压力，三日内向法院支付了180余万元执行款，并与申请人首都师范大学达成了执行和解协议，并已分期履行完毕。[①]

【典型意义】

本案被执行人经生效判决，确认应履行判决书，但是没有配合执行，也没有如实申报。执行法院采取了搜查的调查手段，并采取了对法人代表拘留的法律措施。最后，案件通过和解协议解决。本案充分体现了法院在打击规避执行的被执行人手段方面开始适用严厉的法律措施，有一定的威慑力，也取得了良好的效果，保障了申请执行人的权益。

---

① 摘自《最高人民法院关于反规避执行的九起典型案例》，来源：北大法律信息网。

案例五：冯家礼非法处置查封财产案

【基本案情】

2013年12月11日，柳州市柳南区人民法院对柳州市永乐机电设备有限公司与柳州市开铀科技有限公司买卖合同纠纷一案依法做出民事调解书，确认由被告柳州市开铀科技有限公司向原告柳州市永乐机电设备有限公司支付货款本金及违约金合计224800元。诉讼中，法院依原告方申请，将柳州市开铀科技有限公司的5台开式固定台压力机、1台新型电动摆式剪板机、1付剪板机刀片裁定查封。调解书生效后，柳州市开铀科技有限公司未按调解书指定的期间履行给付义务，柳州市永乐机电设备有限公司遂于2014年4月10日向柳南区人民法院申请强制执行。

【裁决与执行】

在执行过程中，执行法院向柳州市开铀科技有限公司下达执行通知书和财产报告令，该公司相关负责人不配合执行。经执行人员多方查找与做工作，被执行人的法定代表人冯家礼将5万元偿还给申请人后，坚称公司已无偿还能力，表示已将公司不动产向银行办理抵押贷款，待贷款下发后再偿还欠款。2014年9月中旬，申请执行人向执行法院反映称，冯家礼正私下处理公司财产。执行人员第一时间赶到柳州市开铀科技有限公司进行查看，发现该公司大部分财产已不见踪影。后经调查取证，了解到冯家礼已将法院查封的相关设备以15万元的价格转卖给他人，且未将款项支付给申请执行人。2014年9月28日，执行法院将冯家礼涉嫌非法处置查封的财产罪线索移送公安机关。同日，公安机关决定立案侦查并将冯家礼刑事拘留。2015年1月15日，柳州市柳南区人民法院对检察机关指控冯家礼犯非法处置查封的财产罪一案依法做出判决，认定被告人冯家礼作为被执行人柳州市开铀科技有限公司的法定代表人，在未经执行法院许可的情况下，擅自将法院查封的财产以15万余元的价格变卖，且拒不交出该款，致使柳州市永乐机电设备有限公司的货款无法收回，情节严重，其行为构成非法处置查封的财产罪，依法判处有期徒刑十个月。

【典型意义】

非法处置查封、扣押、冻结的财产罪是指隐藏、转移、变卖、故意毁损已被司法机关查封、扣押、冻结的财产，情节严重的行为。这种行为是针对已由法院采取财产保全或其他限制处分权的执行措施的财产所为，势必妨害生效裁判的执行。本案中被执行人法定代表人冯家礼明知执行法院已将该公司的相关设备查封，未经法院许可，仍擅自变卖，且拒不交出变卖款，导致申请执行人的货款无法收回，情节严重，符合非法处置查封的财产罪的犯罪构成，应受到依法惩处。①

---

① 摘自《最高人民法院发布10起人民法院依法惩处拒执罪典型案例（2015年7月21日）》，来源：北大法律信息网。

案例六：陈联会拒不支付劳动报酬案

【基本案情】

2008年12月5日，陈联会、雷必容出资设立重庆同发针织有限公司，从事针织品加工销售业务，公司住所地为重庆市开县。截至2011年6月，重庆同发针织有限公司累计拖欠袁祖桃等73名职工工资共计144474元。公司法定代表人陈联会逃避支付工人工资。同年7月、8月，重庆同发针织有限公司职工为此多次群体上访。8月10日，开县人力资源和社会保障局对陈联会下达了限期支付拖欠职工工资告知书，陈联会未予理会。2011年9月，袁祖桃等65人依法向开县人民法院提起诉讼。同年11月，开县人民法院依法判决，由重庆同发针织有限公司支付袁祖桃等65人工资合计124311元。

【裁决与执行】

由于重庆同发针织有限公司未在规定时间内履行义务，袁祖桃等65人依法申请强制执行。开县人民法院受理执行后，查封了重庆同发针织有限公司遗留在租用场地内的机器设备。经依法评估后，开县人民法院于2012年委托公开拍卖。由于机器设备陈旧，无人竞买，两次降价后流拍。开县人民法院对以上设备进行公告变卖，亦无人购买，申请执行人也不同意以该设备抵偿债务。期间，陈联会始终不予露面。

2014年1月26日，开县人民法院经研究后认为，重庆同发针织有限公司拒不支付劳动报酬，涉及人数众多，数额较大，其行为涉嫌犯罪，于是决定移送公安机关追究其刑事责任。同年5月22日，陈联会在昆明机场被公安机关刑事拘留。刑事拘留期间，陈联会通过家人向袁祖桃等65人支付了所欠的全部工资124311元。

2014年11月27日，开县人民检察院向法院提起公诉，要求追究陈联会拒不不支付劳动报酬罪。在案件审理过程中，陈联会将没有到法院起诉的另外8名职工的19313元劳动报酬也支付完毕。考虑到陈联会有认罪悔罪的实际行动，开县人民法院于2015年1月9日以拒不支付劳动报酬罪从轻判处陈联会有期徒刑三年，缓刑三年，并处罚金人民币1万元。

【典型意义】

在该系列案执行过程中，执行法院高度重视追索劳动报酬等与群众生计休戚相关的案件执行，对拒不履行生效法律文书的被执行人，严格按照最高人民法院、最高人民检察院、公安部《关于开展集中打击拒不执行法院判决、裁定等犯罪行为专项行动有关工作的通知》的要求，加强与公安、检察机关的沟通联系，依法进行了打击，提高执行威慑力，效果良好。该案顺利执结再次表明，人民法院判决一经生效就具有法律强制力，当事人都必须自觉执行，不能心存侥幸，抗拒、逃避执行有可能被依法追究刑事责任。①

---

① 摘自《最高人民法院公布五起打击拒不执行涉民生案件典型案例（2015年2月15日）》，来源：北大法律信息网。

案例七：李晓玲、李鹏裕申请执行厦门海洋实业（集团）股份有限公司、厦门海洋实业总公司执行复议案

（本案经最高人民法院审判委员会讨论通过并于2014年12月18日发布）

【基本案情】

原告李晓玲、李鹏裕投资2234中国第一号基金公司（以下简称2234公司）与被告厦门海洋实业（集团）股份有限公司（以下简称海洋股份公司）、厦门海洋实业总公司（以下简称海洋实业公司）借款合同纠纷一案，2012年1月11日由最高人民法院做出终审判决。判令：海洋实业公司应于判决生效之日起偿还2234公司借款本金2274万元及相应利息；2234公司对蜂巢山路3号的土地使用权享有抵押权。在该判决做出之前的2011年6月8日，2234公司将其对于海洋股份公司和海洋实业公司的2274万元本金债权转让给李晓玲、李鹏裕，并签订《债权转让协议》。2012年4月19日，李晓玲、李鹏裕依据上述判决和《债权转让协议》向福建省高级人民法院（以下简称福建高院）申请执行。4月24日，福建高院向海洋股份公司、海洋实业公司发出（2012）闽执行字第8号执行通知。海洋股份公司不服该执行通知，以执行通知中直接变更执行主体缺乏法律依据，申请执行人李鹏裕系公务员，其受让不良债权行为无效，由此债权转让合同无效为主要理由，向福建高院提出执行异议。福建高院在异议审查中查明：李鹏裕系国家公务员，其本人称在债权转让中未实际出资，并已于2011年9月退出受让的债权份额。

福建高院认为：一、关于债权转让合同效力问题。根据《最高人民法院关于审理涉及金融不良债权转让案件工作座谈会纪要》（以下简称《纪要》）第六条关于金融资产管理公司转让不良债权存在"受让人为国家公务员、金融监管机构工作人员"的情形无效和《中华人民共和国公务员法》第

五十三条第十四项明确禁止国家公务员从事或者参与营利性活动等相关规定，作为债权受让人之一的李鹏裕为国家公务员，其本人购买债权受身份适格的限制。李鹏裕称已退出所受让债权的份额，该院受理的执行案件未做审查，仍将李鹏裕列为申请执行人，显属不当。二、关于执行通知中直接变更申请执行主体的问题。最高人民法院（2009）执他字第1号《关于判决确定的金融不良债权多次转让人民法院能否裁定变更申请执行主体请示的答复》（以下简称1号答复）认为："《最高人民法院关于人民法院执行工作若干问题的规定（试行）》（以下简称《执行规定》），已经对申请执行人的资格予以明确。其中第十八条第一款规定：'人民法院受理执行案件应当符合下列条件：……（2）申请执行人是生效法律文书确定的权利人或其继承人、权利承受人。'该条中的'权利承受人'，包含通过债权转让的方式承受债权的人。依法从金融资产管理公司受让债权的受让人将债权再行转让给其他普通受让人的，执行法院可以依据上述规定，依债权转让协议以及受让人或者转让人的申请，裁定变更申请执行主体"。据此，该院在执行通知中直接将本案受让人作为申请执行主体，未做出裁定变更，程序不当，遂于2012年8月6日做出（2012）闽执异字第1号执行裁定，撤销（2012）闽执行字第8号执行通知。

李晓玲不服，向最高人民法院申请复议，其主要理由如下：一、李鹏裕的公务员身份不影响其作为债权受让主体的适格性。二、申请执行前，两申请人已同2234公司完成债权转让，并通知了债务人（即被执行人），是合法的债权人；根据《执行规定》有关规定，申请人只要提交生效法律文书、承受权利的证明等，即具备申请执行人资格，这一资格在立案阶段已予审查，并向申请人送达了案件受理通知书；1号答复适用于执行程序中依受让人申请变更的情形，而本案申请人并非在执行过程中申请变更执行主体，因此不需要裁定变更申请执行主体。

最高人民法院于2012年12月11日做出（2012）执复字第26号执行裁定：

撤销福建高院（2012）闽执异字第1号执行裁定书，由福建高院向两被执行人重新发出执行通知书。

【裁决与执行】

最高人民法院认为本案申请复议中争议的焦点问题是：生效法律文书确定的权利人在进入执行程序前合法转让债权的，债权受让人即权利承受人可否作为申请执行人直接申请执行，是否需要裁定变更申请执行主体，以及执行中如何处理债权转让合同效力争议问题。

其一，关于是否需要裁定变更申请执行主体的问题。变更申请执行主体是在根据原申请执行人的申请已经开始了的执行程序中，变更新的权利人为申请执行人。根据《执行规定》第十八条、第二十条的规定，权利承受人有权以自己的名义申请执行，只要向人民法院提交承受权利的证明文件，证明自己是生效法律文书确定的权利承受人的，即符合受理执行案件的条件。这种情况不属于严格意义上的变更申请执行主体，但二者的法律基础相同，故也可以理解为广义上的申请执行主体变更，即通过立案阶段解决主体变更问题。1号答复的意见是，《执行规定》第十八条可以作为变更申请执行主体的法律依据，并且认为债权受让人可以视为该条规定中的权利承受人。本案中，生效判决确定的原权利人2234公司在执行开始之前已经转让债权，并未作为申请执行人参加执行程序，而是权利受让人李晓玲、李鹏裕依据《执行规定》第十八条的规定直接申请执行。因其申请已经法院立案受理，受理的方式不是通过裁定而是发出受理通知，债权受让人已经成为申请执行人，故并不需要执行法院再做出变更主体的裁定，然后发出执行通知，而应当直接发出执行通知。实践中有的法院在这种情况下先以原权利人作为申请执行人，待执行开始后再做出变更主体裁定，因其只是增加了工作量，而并无实质性影响，故并不被认为程序上存在问题。但不能由此反过来认为没有做出变更主体裁定是程序错误。

其二，关于债权转让合同效力争议问题，原则上应当通过另行提起诉讼解决，执行程序不是审查判断和解决该问题的适当程序。被执行人主张转让合同无效所援引的《纪要》第五条也规定：在受让人向债务人主张债权的诉讼中，债务人提出不良债权转让合同无效抗辩的，人民法院应告知其向同一人民法院另行提起不良债权转让合同无效的诉讼；债务人不另行起诉的，人民法院对其抗辩不予支持。

关于李鹏裕的申请执行人资格问题。因本案在异议审查中查明，李鹏裕明确表示其已经退出债权受让，不再参与本案执行，故后续执行中应不再将李鹏裕列为申请执行人。但如果没有其他因素，该事实不影响另一债权受让人李晓玲的受让和申请执行资格。李晓玲要求继续执行，福建高院应以李晓玲为申请执行人继续执行。

【典型意义】

生效法律文书确定的权利人在进入执行程序前合法转让债权的，债权受让人即权利承受人可以作为申请执行人直接申请执行，无需执行法院做出变更申请执行人的裁定。[①]

[①] 摘自《最高人民法院关于发布第八批指导性案例的通知（法〔2014〕327号）》，来源：北大法律信息网。

案例八：中投信用担保有限公司与海通证券股份有限公司等证券权益纠纷执行复议案

【基本案情】

中投信用担保有限公司（以下简称中投公司）与海通证券股份有限公司（以下简称海通证券）、海通证券股份有限公司福州广达路证券营业部（以下简称海通证券营业部）证券权益纠纷一案，福建省高级人民法院（以下简称福建高院）于2009年6月11日做出（2009）闽民初字第3号民事调解书，已经发生法律效力。中投公司于2009年6月25日向福建高院申请执行。福建高院于同年7月3日立案执行，并于当月15日向被执行人海通证券营业部、海通证券发出（2009）闽执行字第99号执行通知书，责令其履行法律文书确定的义务。

被执行人海通证券及海通证券营业部不服福建高院（2009）闽执行字第99号执行通知书，向该院提出书面异议。异议称：被执行人已于2009年6月12日根据北京市东城区人民法院（以下简称北京东城法院）的履行到期债务通知书，向中投公司的执行债权人潘鼎履行其对中投公司所负的到期债务11 222 761.55元，该款汇入了北京东城法院账户；上海市第二中级人民法院（以下简称上海二中院）为执行上海中维资产管理有限公司与中投公司纠纷案，向其发出协助执行通知书，并于2009年6月22日扣划了海通证券的银行存款8 777 238.45元。以上共计向中投公司的债权人支付了2000万元，故其与中投公司之间已经不存在未履行（2009）闽民初字第3号民事调解书确定的付款义务的事实，福建高院向其发出的执行通知书应当撤销。为此，福建高院做出（2009）闽执异字第1号裁定书，认定被执行人异议成立，撤销（2009）闽执行字第99号执行通知书。申请执行人中投公司不服，向最高人民法院提出了复议申请。申请执行人的主要理由是：北京东城法院的履行到期债务通知书和上海二中院的协助执行通知书，均违反了最高人民法院给江苏省高级人民法院的（2000）执监字第304号关于法院判决的债权不适用《关于适用〈中华人民共和国民事诉讼法〉若干问题的意见》第三百条规定（以下简称意见第三百条）的复函精神，福建高院的裁定错误。

最高人民法院于2010年4月13日做出（2010）执复字第2号执行裁定，驳回中投信用担保有限公司的复议请求，维持福建高院（2009）闽执异字第1号裁定。

【裁决与执行】

最高人民法院认为：最高人民法院（2000）执监字第304号复函是针对个案的答复，不具有普遍效力。随着民事诉讼法关于执行管辖权的调整，该函中基于执行只能由一审法院管辖，认为经法院判决确定的到期债权不适用意见第三百条的观点已不再具有合理性。对此问题正确的解释应当是：对经法院判决（或调解书，以下通称判决）确定的债权，也可以由非判决法院按照意见第三百条规定的程序执行。因该到期债权已经法院判决确定，故第三人（被执行人的债务人）不能提出债权不存在的异议（否认生效判决的定论）。本案中，北京东城法院和上海二中院正是按照上述精神对福建高院（2009）闽民初字第3号民事调解书确定的债权进行执行的。被执行人海通证券无权对生效调解书确定的债权提出异议，不能对抗上海二中院强制扣划行为，其自动按照北京东城法院的通知要求履行，也是合法的。

被执行人海通证券营业部、海通证券收到有关法院通知的时间及其协助有关法院执行，是在福建高院向其发出执行通知之前。在其协助有关法院执行后，其因（2009）闽民初字第3号民事调解书而对于申请执行人中投公司负有的2000万元债务已经消灭，被执行人有权请求福建高院不得再依据该调解书强制执行。

综上，福建高院（2009）闽执异字第1号裁定书认定事实清楚，适用法律正确。故驳回中投公司的复议请求，维持福建高院（2009）闽执异字第1号裁定。

【典型意义】

被执行人在收到执行法院执行通知之前，收到另案执行法院要求其向申请执行人的债权人直接清偿已经法院生效法律文书确认的债务的通知，并清偿债务的，执行法院不能将该部分已清偿债务纳入执行范围。①

---

① 摘自《最高人民法院关于发布第八批指导性案例的通知（法〔2014〕327号）》，来源：北大法律信息网。

案例九：上海金纬机械制造有限公司与瑞士瑞泰克公司仲裁裁决执行复议案

【基本案情】

上海金纬机械制造有限公司（以下简称金纬公司）与瑞士瑞泰克公司（以下简称瑞泰克公司）买卖合同纠纷一案，由中国国际经济贸易仲裁委员会于2006年9月18日做出仲裁裁决。2007年8月27日，金纬公司向瑞士联邦兰茨堡（Lenzburg）法院（以下简称兰茨堡法院）申请承认和执行该仲裁裁决，并提交了由中国中央翻译社翻译、经上海市外事办公室及瑞士驻上海总领事认证的仲裁裁决书翻译件。同年10月25日，兰茨堡法院以金纬公司所提交的仲裁裁决书翻译件不能满足《承认及执行外国仲裁裁决公约》（以下简称《纽约公约》）第四条第二点关于"译文由公设或宣誓之翻译员或外交或领事人员认证"的规定为由，驳回金纬公司申请。其后，金纬公司又先后两次向兰茨堡法院递交了分别由瑞士当地翻译机构翻译的仲裁裁决书译件和由上海上外翻译公司翻译、上海市外事办公室、瑞士驻上海总领事认证的仲裁裁决书翻译件以申请执行，仍被该法院分别于2009年3月17日和2010年8月31日以仲裁裁决书翻译文件没有严格意义上符合《纽约公约》第四条第二点的规定为由，驳回申请。

2008年7月30日，金纬公司发现瑞泰克公司有一批机器设备正在上海市浦东新区展览，遂于当日向上海市第一中级人民法院（以下简称上海一中院）申请执行。上海一中院于同日立案执行并查封、扣押了瑞泰克公司参展机器设备。瑞泰克公司遂以金纬公司申请执行已超过《中华人民共和国民事诉讼法》（以下简称《民事诉讼法》）规定的期限为由提出异议，要求上海一中院不受理该案，并解除查封，停止执行。

上海一中院于2008年11月17日做出（2008）沪一中执字第640-1民事裁定，驳回瑞泰克公司的异议。裁定送达后，瑞泰克公司向上海市高级人民法院申请执行复议。2011年12月20日，上海市高级人民法院做出（2009）沪高执复议字第2号执行裁定，驳回复议申请。

【裁决与执行】

法院生效裁判认为：本案争议焦点是我国法院对该案是否具有管辖权以及申请执行期间应当从何时开始起算。

其一，关于我国法院的执行管辖权问题。根据《民事诉讼法》的规定，我国涉外仲裁机构做出的仲裁裁决，如果被执行人或者其财产不在中华人民共和国领域内的，应当由当事人直接向有管辖权的外国法院申请承认和执行。鉴于本案所涉仲裁裁决生效时，被执行人瑞泰克公司及其财产均不在我国领域内，因此，人民法院在该仲裁裁决生效当时，对裁决的执行没有管辖权。2008年7月30日，金纬公司发现被执行人瑞泰克公司有财产正在上海市参展。此时，被申请执行人瑞泰克公司有财产在中华人民共和国领域内的事实，使我国法院产生了对本案的执行管辖权。申请执行人依据《民事诉讼法》"一方当事人不履行仲裁裁决的，对方当事人可以向被申请人住所地或者财产所在地的中级人民法院申请执行"的规定，基于被执行人不履行仲裁裁决义务的事实，行使民事强制执行请求权，向上海一中院申请执行。这符合我国《民事诉讼法》有关人民法院管辖涉外仲裁裁决执行案件所应当具备的要求，上海一中院对该执行申请有管辖权。考虑到《纽约公约》规定的原则是，只要仲裁裁决符合公约规定的基本条件，就允许在任何缔约国得到承认和执行。《纽约公约》的目的在于便利仲裁裁决在各缔约国得到顺利执行，因此并不禁止当事人向多个公约成员国申请相关仲裁裁决的承认与执行。被执行人一方可以通过举证已经履行了仲裁裁决义务进行抗辩，向执行地法院提交已经清偿债务数额的证据，这样即可防止被执行人被强制重复履行或者超标的履行的问题。因此，人民法院对该案行使执行管辖权，符合

《纽约公约》规定的精神，也不会造成被执行人重复履行生效仲裁裁决义务的问题。

其二，关于本案申请执行期间起算问题。依照《民事诉讼法》（2007年修正）第二百一十五条的规定，"申请执行的期间为二年。""前款规定的期间，从法律文书规定履行期间的最后一日起计算；法律文书规定分期履行的，从规定的每次履行期间的最后一日起计算；法律文书未规定履行期间的，从法律文书生效之日起计算。"鉴于我国法律有关申请执行期间起算，是针对生效法律文书做出时，被执行人或者其财产在我国领域内的一般情况做出的规定；而本案的具体情况是，仲裁裁决生效当时，我国法院对该案并没有执行管辖权，当事人依法向外国法院申请承认和执行该裁决而未能得到执行，不存在怠于行使申请执行权的问题；被执行人一直拒绝履行裁决所确定的法律义务；申请执行人在发现被执行人有财产在我国领域内之后，即向人民法院申请执行。考虑到这类情况下，外国被执行人或者其财产何时会再次进入我国领域内，具有较大的不确定性，因此，应当合理确定申请执行期间起算点，才能公平保护申请执行人的合法权益。

鉴于债权人取得有给付内容的生效法律文书后，如债务人未履行生效文书所确定的义务，债权人即可申请法院行使强制执行权，实现其实体法上的请求权，此项权利即为民事强制执行请求权。民事强制执行请求权的存在依赖于实体权利，取得依赖于执行根据，行使依赖于执行管辖权。执行管辖权是民事强制执行请求权的基础和前提。在司法实践中，人民法院的执行管辖权与当事人的民事强制执行请求权不能是抽象或不确定的，而应是具体且可操作的。义务人瑞泰克公司未履行裁决所确定的义务时，权利人金纬公司即拥有了民事强制执行请求权，但是，根据《民事诉讼法》的规定，对于涉外仲裁机构做出的仲裁申请执行，如果被执行人或者其财产不在中华人民共和国领域内，应当由当事人直接向有管辖权的外国法院申请承认和执行。此时，因被执行人或者其财产不在我国领域内，我国法院对该案没有执行管辖权，申请执行人金纬公司并非其主观上不愿或怠于行使权利，而是由于客观上纠纷本身没有产生人民法院执行管辖连接点，导致其无法向人民法院申请执行。人民法院在受理强制执行申请后，应当审查申请是否在法律规定的时效期间内提出。具有执行管辖权是人民法院审查申请执行人相关申请的必要前提，因此应当自执行管辖确定之日即发现被执行人可供执行财产之日开始计算申请执行人的申请执行期限。

【典型意义】

当事人向我国法院申请执行发生法律效力的涉外仲裁裁决，发现被申请执行人或者其财产在我国领域内的，我国法院即对该案具有执行管辖权。当事人申请法院强制执行的时效期间，应当自发现被申请执行人或者其财产在我国领域内之日起算。①

---

① 摘自《最高人民法院关于发布第八批指导性案例的通知（法〔2014〕327号）》，来源：北大法律信息网。

案例十：福建福州中院协助台湾宜兰地方检察署发送被害人遗属补偿金案

【基本案情】

2012年7月，台湾居民谢贤德因其妻方某某提出离婚而情绪激动，在台湾宜兰县的住处将妻子方某某缢勒致死。在该刑事案件在台湾被提起公诉后，被害人方某某的母亲陈某某、方某某与前夫之子陈某（均系福建闽侯县人）根据台湾地区有关规定，向台湾宜兰地方法院检察署提起补偿因被害人方某某死亡致其无法履行法定抚养义务及精神慰抚金的赔偿申请，陈某另提起补偿因被害人死亡所致的殡葬费的申请。

2013年2月，台湾宜兰地检署通过台湾地区法务主管部门协议联络人向最高人民法院协议联络人提出协助调查取证请求，请求调查陈某某、陈某财产及所得。经福建省福州市中级人民法院协助查明，两被调查人系困难户，无房产、存款等财产。同年8月，台湾宜兰地检署被害人补偿审议委员会依据大陆法院协助调查取证的结果做出决定书，认定陈某某、陈某的资力无法维持生活，有受抚养权利，符合获得被害人遗属补偿金的条件，故决定给予陈某某法定抚养费及精神慰抚金共计新台币673 447元（折合人民币约138 580元），给予陈某殡葬费、法定抚养费及精神慰抚金新台币498 623元（折合人民币约102 605元）。

【办理情况】

2013年11月22日，最高人民法院协议联络人收到台湾地区法务主管部门协议联络人请求书，请求对台湾宜兰地检署上述案件之送达文书、调查取证及遗属补偿金发还等事项予以协助。

收到台方上述第二次请求后，最高人民法院决定作为个案再予协助。经最高人民法院协议联络人与台湾地区法务主管部门协议联络人进行沟通联络，最终确定了《犯罪被害补偿金请领书》、《收据》的样式，补偿金的给付方式及可以用于补偿金划款的金融机构等。之后，经福建省高级人民法院转送，福州市中级人民法院向两位被害人遗属送达了台方裁定书，进行了调查询问，要求两位被害人遗属在指定金融机构范围内开立账户并提供了银行存折封面复印件和身份证明复印件，同时要求两位被害人遗属填写了《犯罪被害补偿金请领书》、《收据》等。2014年3月最高人民法院协议联络人将上述材料回复台方后，被害人遗属陈某某、陈某分别于2014年4月13日和14日顺利收到全部补偿款。①

【典型意义】

本案是一起两岸司法协助执行的典型案例，通过最高院作为个案开展协助，按照法律程序，福建法院和台湾地区相互送达执行法律文书，协助受害人取得了赔偿金，司法协助顺利完成执行工作，具有典型意义。

---

① 摘自《最高人民法院公布15起人民法院涉台司法互助典型案例（2014年06月20日）》，来源：北大法律信息网。

案例十一：三亚万宝房地产开发有限公司诉三亚电视机厂管理人一般取回权纠纷执行案

【基本案情】

申请执行人三亚万宝房地产开发有限公司向海南法院提出向三亚电视机厂管理人强制执行本人享有的拆迁补偿款。法院依据已经发生法律效力的海南省高级人民法院（2012）琼民一终字第24号民事判决书立案恢复执行的、申请执行人三亚万宝房地产开发有限公司申请执行被执行人三亚电视机厂管理人一般取回权纠纷一案，于2014年1月24日向被执行人送达《执行通知书》，责令被执行人十日内履行生效法律文书所确定的义务，但被执行人至今未履行其义务。本案原执行过程中，海南法院做出（2013）三亚执字第10-1号执行裁定书，裁定将申请执行人三亚万宝房地产开发有限公司享有的、已扣划至本院执行款专用账户上的拆迁补偿款19 028 098.82元，扣除本次执行到位款项的申请执行费86 428.099元，余款18 941 670.72元人民币已支付给申请执行人。

现申请执行人申请将上述由被执行人三亚电视机厂领取、自2008年8月4日存入三亚市政府国有资产监督管理委员会账户中的拆迁补偿款19 028 098.82元，至本院扣划之日（即2013年2月1日）止，期间所产生的银行存款利息支付给其公司并裁定将海南东环铁路建设项目征用三土房（1997）字第0717号及三土房（1997）字第0707号土地房屋权证项下剩余的部分土地返还其公司。

【裁决与执行】

法院已委托中国农业银行股份有限公司三亚分行河东支行对上述拆迁补偿款19 028 098.82元自2008年8月4日存入三亚市政府国有资产监督管理委员会账户中至本院扣划之日（即2013年2月1日）止，期间所产生的银行存款利息进行计算。该行已计算出该款项产生的银行存款利息为370 651.52元，并将计算结果函复海南法院。因本案的执行依据已判决确认海南东环铁路建设项目征用三土房（1997）字第0717号及三土房（1997）字第0707号土地房屋权证项下部分土地等支付的拆迁补偿款19 028 098.82元及该证项下剩余土地、房屋剩余部分归申请执行人三亚万宝房地产开发有限公司享有，为了保护申请执行人的合法权益，上述拆迁补偿款19 028 098.82元所产生的银行存款利息370 651.52元属自然孳息，亦属申请执行人所有。为此海南法院实施强制划转措施，将被执行人三亚电视机厂管理人领取的拆迁补偿款19 028 098.82元、自2008年8月4日存入三亚市政府国有资产监督管理委员会账户中至本院扣划之日（即2013年2月1日）止期间所产生的银行存款利息370 651.52元，划拨至法院执行款专户上，并支付给申请执行人。[①]

【典型意义】

本案是法院依据一般取回权的确权法律文书，向破产管理人下达执行裁定书，将申请执行人享有的取回权予以实现的案例，是依据修订后的《民事诉讼法》实施强制执行案件，具有一定典型性。

[①] 《三亚万宝房地产开发有限公司诉三亚电视机厂管理人一般取回权纠纷案（2014）三亚执字第3号》，来源：北大法律信息网。

案例十二：徐州一中百货商店与江苏省盐城市金海岸建筑安装有限公司买卖合同纠纷执行案

【基本案情】

徐州市中级人民法院2000年受理了两起与盐城建筑公司有关的案件，一件是盐城建筑公司与村委会的工程款纠纷案。该案经徐州中院一审，江苏省高院二审于2001年11月23日作出（2001）苏民终字第154号民事调解书。另一件是盐城建筑公司与徐州一中百货商店的货款纠纷案。该案由徐州中院于2001年6月25日以（2000）徐经初字第94号民事调解书调解结案。2001年11月23日，盐城建筑公司与村委会工程款纠纷案经江苏高院二审调解结案后，盐城建筑公司对村委会的债权到期。徐州中院还没有向村委会发出履行到期债务的通知时，村委会即自动履行了江苏高院调解书确定的还款义务，将被徐州中院冻结的财产交付给了本案被执行人盐城建筑公司。2002年1月9日，徐州中院要求村委会向盐城建筑公司追回已支付款项。村委会到期未能追回。2002年1月15日，徐州中院依据最高人民法院《关于人民法院执行工作若干问题的规定（试行）》（简称《执行规定》）第37条的规定，做出了（2001）徐执字第255号民事裁定书，裁定村委会以自己的财产在向盐城建筑公司支付金钱数额的范围内向徐州一中百货商店承担赔偿责任。裁定书下达后村委会提出异议，认为其行为系履行江苏高院的（2001）苏民终字第154号民事调解书，不应承担责任。

【裁决与执行】

最高人民法院对本案提出了以下处理意见：徐州中院在诉讼中做出了查封冻结盐城建筑公司财产的裁定，并向村委会发出了冻结盐城建筑公司对村委会的债权的协助执行通知书。当江苏高院（2001）苏民终字第154号民事调解书确定盐城建筑公司对村委会的债权时，徐州中院对该债权的冻结尚未逾期，仍然有效，因此村委会不得就该债权向盐城建筑公司支付。村委会在收到上述调解书后，擅自向盐城建筑公司支付，致使徐州中院的生效法律文书无法执行，则除可以根据民诉法第一百零二条的规定，除对村委会妨害民事诉讼的行为进行处罚外，也可以根据最高人民法院执行规定第四十四条的规定，责令村委会限期追回财产或承担相应的赔偿责任。

【典型意义】

《最高人民法院关于人民法院执行工作若干问题的规定（试行）》第四十四条规定，被执行人或其他人擅自处分已被查封、扣押、冻结财产的，人民法院有权责令责任人限期追回财产或承担相应的赔偿责任。据此，当事人应当积极配合履行人民法院已经生效的判决和裁定，否则就要追回财产并承担相应的责任。所以，村委会在收到人民法院冻结债权的裁定后，仍然擅自向债权人支付债权的，应当受到处罚，并承担追回财产或支付赔偿的责任。

附录

民事强制执行财产调查法律及
司法解释相关文件

1.《中华人民共和国民事诉讼法》（节选）

根据2012年8月31日第十一届全国人民代表大会常务委员会第28次会议《关于修改〈中华人民共和国民事诉讼法〉的决定》第二次修正，2013年1月1日执行。第三编"执行程序"之第二十一章"执行措施"

第二百四十一条　被执行人未按执行通知履行法律文书确定的义务，应当报告当前以及收到执行通知之日前一年的财产情况。被执行人拒绝报告或者虚假报告的，人民法院可以根据情节轻重对被执行人或者其法定代理人、有关单位的主要负责人或者直接责任人员予以罚款、拘留。

第二百四十二条　被执行人未按执行通知履行法律文书确定的义务，人民法院有权向有关单位查询被执行人的存款、债券、股票、基金份额等财产情况。人民法院有权根据不同情形扣押、冻结、划拨、变价被执行人的财产。人民法院查询、扣押、冻结、划拨、变价的财产不得超出被执行人应当履行义务的范围。

人民法院决定扣押、冻结、划拨、变价财产，应当做出裁定，并发出协助执行通知书，有关单位必须办理。

第二百四十三条 被执行人未按执行通知履行法律文书确定的义务，人民法院有权扣留、提取被执行人应当履行义务部分的收入。但应当保留被执行人及其所扶养家属的生活必需费用。

人民法院扣留、提取收入时，应当做出裁定，并发出协助执行通知书，被执行人所在单位、银行、信用合作社和其他有储蓄业务的单位必须办理。

第二百四十四条 被执行人未按执行通知履行法律文书确定的义务，人民法院有权查封、扣押、冻结、拍卖、变卖被执行人应当履行义务部分的财产。但应当保留被执行人及其所扶养家属的生活必需品。

采取前款措施，人民法院应当做出裁定。

第二百四十五条 人民法院查封、扣押财产时，被执行人是公民的，应当通知被执行人或者他的成年家属到场；被执行人是法人或者其他组织的，应当通知其法定代表人或者主要负责人到场。拒不到场的，不影响执行。被执行人是公民的，其工作单位或者财产所在地的基层组织应当派人参加。

对被查封、扣押的财产，执行员必须造具清单，由在场人签名或者盖章后，交被执行人一份。被执行人是公民的，也可以交他的成年家属一份。

第二百四十六条 被查封的财产，执行员可以指定被执行人负责保管。因被执行人的过错造成的损失，由被执行人承担。

第二百四十七条 财产被查封、扣押后，执行员应当责令被执行人在指定期间履行法律文书确定的义务。被执行人逾期不履行的，人民法院应当拍卖被查封、扣押的财产；不适于拍卖或者当事人双方同意不进行拍卖的，人民法院可以委托有关单位变卖或者自行变卖。国家禁止自由买卖的物品，交有关单位按照国家规定的价格收购。

第二百四十八条 被执行人不履行法律文书确定的义务，并隐匿财产的，人民法院有权发出搜查令，对被执行人及其住所或者财产隐匿地进行搜查。

采取前款措施，由院长签发搜查令。

第二百四十九条　法律文书指定交付的财物或者票证，由执行员传唤双方当事人当面交付，或者由执行员转交，并由被交付人签收。

有关单位持有该项财物或者票证的，应当根据人民法院的协助执行通知书转交，并由被交付人签收。

有关公民持有该项财物或者票证的，人民法院通知其交出。拒不交出的，强制执行。

第二百五十条　强制迁出房屋或者强制退出土地，由院长签发公告，责令被执行人在指定期间履行。被执行人逾期不履行的，由执行员强制执行。

强制执行时，被执行人是公民的，应当通知被执行人或者他的成年家属到场；被执行人是法人或者其他组织的，应当通知其法定代表人或者主要负责人到场。拒不到场的，不影响执行。被执行人是公民的，其工作单位或者房屋、土地所在地的基层组织应当派人参加。执行员应当将强制执行情况记入笔录，由在场人签名或者盖章。

强制迁出房屋被搬出的财物，由人民法院派人运至指定处所，交给被执行人。被执行人是公民的，也可以交给他的成年家属。因拒绝接收而造成的损失，由被执行人承担。

第二百五十一条　在执行中，需要办理有关财产权证照转移手续的，人民法院可以向有关单位发出协助执行通知书，有关单位必须办理。

第二百五十二条　对判决、裁定和其他法律文书指定的行为，被执行人未按执行通知履行的，人民法院可以强制执行或者委托有关单位或者其他人完成，费用由被执行人承担。

第二百五十三条　被执行人未按判决、裁定和其他法律文书指定的期间履行给付金钱义务的，应当加倍支付迟延履行期间的债务利息。被执行人未按判决、裁定和其他法律文书指定的期间履行其他义务的，应当支付迟延履行金

第二百五十四条　人民法院采取本法第二百四十二条、第二百四十三条、第二百四十四条规定的执行措施后，被执行人仍不能偿还债务的，应当继续履行义务。债权人发现被执行人有其他财产的，可以随时请求人民法院执行。

第二百五十五条　被执行人不履行法律文书确定的义务的，人民法院可以对其采取或者通知有关单位协助采取限制出境，在征信系统记录、通过媒体公布不履行义务信息以及法律规定的其他措施。

2.《最高人民法院关于适用民事诉讼法的解释》（节选）

（2014年12月18日最高人民法院审判委员会第1636次会议通过，

法释〔2015〕5号）

二十一、执行程序

第四百八十四条　对必须接受调查询问的被执行人、被执行人的法定代表人、负责人或者实际控制人，经依法传唤无正当理由拒不到场的，人民法院可以拘传其到场。

人民法院应当及时对被拘传人进行调查询问，调查询问的时间不得超过八小时；情况复杂，依法可能采取拘留措施的，调查询问的时间不得超过二十四小时。

人民法院在本辖区以外采取拘传措施时，可以将被拘传人拘传到当地人民法院，当地人民法院应予协助。

第四百八十五条　人民法院有权查询被执行人的身份信息与财产信息，掌握相关信息的单位和个人必须按照协助执行通知书办理。

第四百八十六条　对被执行的财产，人民法院非经查封、扣押、冻结不得处分。对银行存款等各类可以直接扣划的财产，人民法院的扣划裁定同时具有冻结的法律效力。

第四百八十七条　人民法院冻结被执行人的银行存款的期限不得超过一年，查封、扣押动产的期限不得超过两年，查封不动产、冻结其他财产权的期限不得超过三年。

申请执行人申请延长期限的，人民法院应当在查封、扣押、冻结期限届满前办理续行查封、扣押、冻结手续，续行期限不得超过前款规定的期限。

人民法院也可以依职权办理续行查封、扣押、冻结手续。

第四百八十八条 依照民事诉讼法第二百四十七条规定，人民法院在执行中需要拍卖被执行人财产的，可以由人民法院自行组织拍卖，也可以交由具备相应资质的拍卖机构拍卖。

交拍卖机构拍卖的，人民法院应当对拍卖活动进行监督。

第四百八十九条 拍卖评估需要对现场进行检查、勘验的，人民法院应当责令被执行人、协助义务人予以配合。被执行人、协助义务人不予配合的，人民法院可以强制进行。

第四百九十条 人民法院在执行中需要变卖被执行人财产的，可以交有关单位变卖，也可以由人民法院直接变卖。

对变卖的财产，人民法院或者其工作人员不得买受。

第四百九十一条 经申请执行人和被执行人同意，且不损害其他债权人合法权益和社会公共利益的，人民法院可以不经拍卖、变卖，直接将被执行人的财产作价交申请执行人抵偿债务。对剩余债务，被执行人应当继续清偿。

第四百九十二条 被执行人的财产无法拍卖或者变卖的，经申请执行人同意，且不损害其他债权人合法权益和社会公共利益的，人民法院可以将该项财产作价后交付申请执行人抵偿债务，或者交付申请执行人管理；申请执行人拒绝接收或者管理的，退回被执行人。

第四百九十三条 拍卖成交或者依法定程序裁定以物抵债的，标的物所有权自拍卖成交裁定或者抵债裁定送达买受人或者接受抵债物的债权人时转移。

第四百九十四条 执行标的物为特定物的，应当执行原物。原物确已毁损或者灭失的，经双方当事人同意，可以折价赔偿。

双方当事人对折价赔偿不能协商一致的，人民法院应当终结执行程序。

申请执行人可以另行起诉。

第四百九十五条 他人持有法律文书指定交付的财物或者票证，人民法院依照民事诉讼法第二百四十九条第二款、第三款规定发出协助执行通知后，拒不转交的，可以强制执行，并可依照民事诉讼法第一百一十四条、第一百一十五条规定处理。

他人持有期间财物或者票证毁损、灭失的，参照本解释第四百九十四条规定处理。

他人主张合法持有财物或者票证的，可以根据民事诉讼法第二百二十七条规定提出执行异议。

第四百九十六条 在执行中，被执行人隐匿财产、会计账簿等资料的，人民法院除可依照民事诉讼法第一百一十一条第一款第六项规定对其处理外，还应责令被执行人交出隐匿的财产、会计账簿等资料。被执行人拒不交出的，人民法院可以采取搜查措施。

第四百九十七条 搜查人员应当按规定着装并出示搜查令和工作证件。

第四百九十八条 人民法院搜查时禁止无关人员进入搜查现场；搜查对象是公民的，应当通知被执行人或者他的成年家属以及基层组织派员到场；搜查对象是法人或者其他组织的，应当通知法定代表人或者主要负责人到场。拒不到场的，不影响搜查。

搜查妇女身体，应当由女执行人员进行。

第四百九十九条 搜查中发现应当依法采取查封、扣押措施的财产，依照民事诉讼法第二百四十五条第二款和第二百四十七条规定办理。

第五百条 搜查应当制作搜查笔录，由搜查人员、被搜查人及其他在场人签名、捺印或者盖章。拒绝签名、捺印或者盖章的，应当记入搜查笔录。

第五百零一条 人民法院执行被执行人对他人的到期债权，可以做出冻结债权的裁定，并通知该他人向申请执行人履行。

该他人对到期债权有异议，申请执行人请求对异议部分强制执行的，人民法院不予支持。利害关系人对到期债权有异议的，人民法院应当按照民事诉讼法第二百二十七条规定处理。

对生效法律文书确定的到期债权，该他人予以否认的，人民法院不予支持。

第五百零二条　人民法院在执行中需要办理房产证、土地证、林权证、专利证书、商标证书、车船执照等有关财产权证照转移手续的，可以依照民事诉讼法第二百五十一条规定办理。

第五百零三条　被执行人不履行生效法律文书确定的行为义务，该义务可由他人完成的，人民法院可以选定代履行人；法律、行政法规对履行该行为义务有资格限制的，应当从有资格的人中选定。必要时，可以通过招标的方式确定代履行人。

申请执行人可以在符合条件的人中推荐代履行人，也可以申请自己代为履行，是否准许，由人民法院决定。

第五百零四条　代履行费用的数额由人民法院根据案件具体情况确定，并由被执行人在指定期限内预先支付。被执行人未预付的，人民法院可以对该费用强制执行。

代履行结束后，被执行人可以查阅、复制费用清单以及主要凭证。

第五百零五条　被执行人不履行法律文书指定的行为，且该项行为只能由被执行人完成的，人民法院可以依照民事诉讼法第一百一十一条第一款第六项规定处理。

被执行人在人民法院确定的履行期间内仍不履行的，人民法院可以依照民事诉讼法第一百一十一条第一款第六项规定再次处理。

第五百零六条　被执行人迟延履行的，迟延履行期间的利息或者迟延履行金自判决、裁定和其他法律文书指定的履行期间届满之日起计算。

第五百零七条　被执行人未按判决、裁定和其他法律文书指定的期间履行非金钱给付义务的，无论是否已给申请执行人造成损失，都应当支付迟延履行金。已经造成损失的，双倍补偿申请执行人已经受到的损失；没有造成损失的，迟延履行金可以由人民法院根据具体案件情况决定。

第五百零八条　被执行人为公民或者其他组织，在执行程序开始后，被执行人的其他已经取得执行依据的债权人发现被执行人的财产不能清偿所有债权的，可以向人民法院申请参与分配。

对人民法院查封、扣押、冻结的财产有优先权、担保物权的债权人，可以直接申请参与分配，主张优先受偿权。

第五百零九条　申请参与分配，申请人应当提交申请书。申请书应当写明参与分配和被执行人不能清偿所有债权的事实、理由，并附有执行依据。

参与分配申请应当在执行程序开始后，被执行人的财产执行终结前提出。

第五百一十条　参与分配执行中，执行所得价款扣除执行费用，并清偿应当优先受偿的债权后，对于普通债权，原则上按照其占全部申请参与分配债权数额的比例受偿。清偿后的剩余债务，被执行人应当继续清偿。债权人发现被执行人有其他财产的，可以随时请求人民法院执行。

第五百一十一条　多个债权人对执行财产申请参与分配的，执行法院应当制作财产分配方案，并送达各债权人和被执行人。债权人或者被执行人对分配方案有异议的，应当自收到分配方案之日起十五日内向执行法院提出书面异议。

第五百一十二条　债权人或者被执行人对分配方案提出书面异议的，执行法院应当通知未提出异议的债权人、被执行人。

未提出异议的债权人、被执行人自收到通知之日起十五日内未提出反对意见的，执行法院依异议人的意见对分配方案审查修正后进行分配；提出反对意见的，应当通知异议人。异议人可以自收到通知之日起十五日内，以提出反对意见的债权人、被执行人为被告，向执行法院提起诉讼；异议人逾期未提起诉讼的，执行法院按照原分配方案进行分配。

诉讼期间进行分配的，执行法院应当提存与争议债权数额相应的款项。

第五百一十三条 在执行中，作为被执行人的企业法人符合企业破产法第二条第一款规定情形的，执行法院经申请执行人之一或者被执行人同意，应当裁定中止对该被执行人的执行，将执行案件相关材料移送被执行人住所地人民法院。

第五百一十四条 被执行人住所地人民法院应当自收到执行案件相关材料之日起三十日内，将是否受理破产案件的裁定告知执行法院。不予受理的，应当将相关案件材料退回执行法院。

第五百一十五条 被执行人住所地人民法院裁定受理破产案件的，执行法院应当解除对被执行人财产的保全措施。被执行人住所地人民法院裁定宣告被执行人破产的，执行法院应当裁定终结对该被执行人的执行。

被执行人住所地人民法院不受理破产案件的，执行法院应当恢复执行。

第五百一十六条 当事人不同意移送破产或者被执行人住所地人民法院不受理破产案件的，执行法院就执行变价所得财产，在扣除执行费用及清偿优先受偿的债权后，对于普通债权，按照财产保全和执行中查封、扣押、冻结财产的先后顺序清偿。

第五百一十七条 债权人根据民事诉讼法第二百五十四条规定请求人民法院继续执行的，不受民事诉讼法第二百三十九条规定申请执行时效期间的限制。

第五百一十八条 被执行人不履行法律文书确定的义务的，人民法院除对被执行人予以处罚外，还可以根据情节将其纳入失信被执行人名单，将被执行人不履行或者不完全履行义务的信息向其所在单位、征信机构以及其他相关机构通报。

第五百一十九条 经过财产调查未发现可供执行的财产，在申请执行人签字确认或者执行法院组成合议庭审查核实并经院长批准后，可以裁定终结本次执行程序。

依照前款规定终结执行后，申请执行人发现被执行人有可供执行财产的，可以再次申请执行。再次申请不受申请执行时效期间的限制。

第五百二十条　因撤销申请而终结执行后，当事人在民事诉讼法第二百三十九条规定的申请执行时效期间内再次申请执行的，人民法院应当受理。

第五百二十一条　在执行终结六个月内，被执行人或者其他人对已执行的标的有妨害行为的，人民法院可以依申请排除妨害，并可以依照民事诉讼法第一百一十一条规定进行处罚。因妨害行为给执行债权人或者其他人造成损失的，受害人可以另行起诉。

3. 《最高人民法院关于适用 < 中华人民共和国民事诉讼法 > 执行程序若干问题的解释》(节选)

（2008年9月8日最高人民法院审判委员会第1452次会议通过，

法释〔2008〕13号）

第三十一条　人民法院依照民事诉讼法第二百一十七条规定责令被执行人报告财产情况的，应当向其发出报告财产令。报告财产令中应当写明报告财产的范围、报告财产的期间、拒绝报告或者虚假报告的法律后果等内容。

第三十二条　被执行人依照民事诉讼法第二百一十七条的规定，应当书面报告下列财产情况：

（一）收入、银行存款、现金、有价证券；

（二）土地使用权、房屋等不动产；

（三）交通运输工具、机器设备、产品、原材料等动产；

（四）债权、股权、投资权益、基金、知识产权等财产性权利；

（五）其他应当报告的财产。

被执行人自收到执行通知之日前一年至当前财产发生变动的，应当对该变动情况进行报告。

被执行人在报告财产期间履行全部债务的，人民法院应当裁定终结报告程序。

第三十三条　被执行人报告财产后，其财产情况发生变动，影响申请执行人债权实现的，应当自财产变动之日起十日内向人民法院补充报告。

第三十四条　对被执行人报告的财产情况，申请执行人请求查询的，人民法院应当准许。申请执行人对查询的被执行人财产情况，应当保密。

第三十五条 对被执行人报告的财产情况，执行法院可以依申请执行人的申请或者依职权调查核实。

第三十六条 依照民事诉讼法第二百三十一条规定对被执行人限制出境的，应当由申请执行人向执行法院提出书面申请；必要时，执行法院可以依职权决定。

第三十七条 被执行人为单位的，可以对其法定代表人、主要负责人或者影响债务履行的直接责任人员限制出境。

被执行人为无民事行为能力人或者限制民事行为能力人的，可以对其法定代理人限制出境。

第三十八条 在限制出境期间，被执行人履行法律文书确定的全部债务的，执行法院应当及时解除限制出境措施；被执行人提供充分、有效的担保或者申请执行人同意的，可以解除限制出境措施。

第三十九条 依照民事诉讼法第二百三十一条的规定，执行法院可以依职权或者依申请执行人的申请，将被执行人不履行法律文书确定义务的信息，通过报纸、广播、电视、互联网等媒体公布。

媒体公布的有关费用，由被执行人负担；申请执行人申请在媒体公布的，应当垫付有关费用。

第四十条 本解释施行前本院公布的司法解释与本解释不一致的，以本解释为准。

4.《最高人民法院关于人民法院办理执行异议和复议案件若干问题的规定》

（2014年12月29日最高人民法院审判委员会第1638次会议通过，

法释〔2015〕10号）

为了规范人民法院办理执行异议和复议案件，维护当事人、利害关系人和案外人的合法权益，根据民事诉讼法等法律规定，结合人民法院执行工作实际，制定本规定。

第一条 异议人提出执行异议或者复议申请人申请复议，应当向人民法院提交申请书。申请书应当载明具体的异议或者复议请求、事实、理由等内容，并附下列材料：

（一）异议人或者复议申请人的身份证明；

（二）相关证据材料；

（三）送达地址和联系方式。

第二条 执行异议符合民事诉讼法第二百二十五条或者第二百二十七条规定条件的，人民法院应当在三日内立案，并在立案后三日内通知异议人和相关当事人。不符合受理条件的，裁定不予受理；立案后发现不符合受理条件的，裁定驳回申请。

执行异议申请材料不齐备的，人民法院应当一次性告知异议人在三日内补足，逾期未补足的，不予受理。

异议人对不予受理或者驳回申请裁定不服的，可以自裁定送达之日起十日内向上一级人民法院申请复议。上一级人民法院审查后认为符合受理条件的，应当裁定撤销原裁定，指令执行法院立案或者对执行异议进行审查。

第三条　执行法院收到执行异议后三日内既不立案又不做出不予受理裁定，或者受理后无正当理由超过法定期限不做出异议裁定的，异议人可以向上一级人民法院提出异议。上一级人民法院审查后认为理由成立的，应当指令执行法院在三日内立案或者在十五日内做出异议裁定。

第四条　执行案件被指定执行、提级执行、委托执行后，当事人、利害关系人对原执行法院的执行行为提出异议的，由提出异议时负责该案件执行的人民法院审查处理；受指定或者受委托的人民法院是原执行法院的下级人民法院的，仍由原执行法院审查处理。

执行案件被指定执行、提级执行、委托执行后，案外人对原执行法院的执行标的提出异议的，参照前款规定处理。

第五条　有下列情形之一的，当事人以外的公民、法人和其他组织，可以作为利害关系人提出执行行为异议：

（一）认为人民法院的执行行为违法，妨碍其轮候查封、扣押、冻结的债权受偿的；

（二）认为人民法院的拍卖措施违法，妨碍其参与公平竞价的；

（三）认为人民法院的拍卖、变卖或者以物抵债措施违法，侵害其对执行标的的优先购买权的；

（四）认为人民法院要求协助执行的事项超出其协助范围或者违反法律规定的；

（五）认为其他合法权益受到人民法院违法执行行为侵害的。

第六条　当事人、利害关系人依照民事诉讼法第二百二十五条规定提出异议的，应当在执行程序终结之前提出，但对终结执行措施提出异议的除外。

案外人依照民事诉讼法第二百二十七条规定提出异议的，应当在异议指向的执行标的执行终结之前提出；执行标的由当事人受让的，应当在执行程序终结之前提出。

第七条 当事人、利害关系人认为执行过程中或者执行保全、先予执行裁定过程中的下列行为违法提出异议的，人民法院应当依照民事诉讼法第二百二十五条规定进行审查：

（一）查封、扣押、冻结、拍卖、变卖、以物抵债、暂缓执行、中止执行、终结执行等执行措施；

（二）执行的期间、顺序等应当遵守的法定程序；

（三）人民法院做出的侵害当事人、利害关系人合法权益的其他行为。

被执行人以债权消灭、丧失强制执行效力等执行依据生效之后的实体事由提出排除执行异议的，人民法院应当参照民事诉讼法第二百二十五条规定进行审查。

除本规定第十九条规定的情形外，被执行人以执行依据生效之前的实体事由提出排除执行异议的，人民法院应当告知其依法申请再审或者通过其他程序解决。

第八条 案外人基于实体权利既对执行标的提出排除执行异议又作为利害关系人提出执行行为异议的，人民法院应当依照民事诉讼法第二百二十七条规定进行审查。

案外人既基于实体权利对执行标的提出排除执行异议又作为利害关系人提出与实体权利无关的执行行为异议的，人民法院应当分别依照民事诉讼法第二百二十七条和第二百二十五条规定进行审查。

第九条 被限制出境的人认为对其限制出境错误的，可以自收到限制出境决定之日起十日内向上一级人民法院申请复议。上一级人民法院应当自收到复议申请之日起十五日内做出决定。复议期间，不停止原决定的执行。

第十条 当事人不服驳回不予执行公证债权文书申请的裁定的，可以自收到裁定之日起十日内向上一级人民法院申请复议。上一级人民法院应当自收到复议申请之日起三十日内审查，理由成立的，裁定撤销原裁定，不予执行该公证债权文书；理由不成立的，裁定驳回复议申请。复议期间，不停止执行。

第十一条　人民法院审查执行异议或者复议案件，应当依法组成合议庭。指令重新审查的执行异议案件，应当另行组成合议庭。

办理执行实施案件的人员不得参与相关执行异议和复议案件的审查。

第十二条　人民法院对执行异议和复议案件实行书面审查。案情复杂、争议较大的，应当进行听证。

第十三条　执行异议、复议案件审查期间，异议人、复议申请人申请撤回异议、复议申请的，是否准许由人民法院裁定。

第十四条　异议人或者复议申请人经合法传唤，无正当理由拒不参加听证，或者未经法庭许可中途退出听证，致使人民法院无法查清相关事实的，由其自行承担不利后果。

第十五条　当事人、利害关系人对同一执行行为有多个异议事由，但未在异议审查过程中一并提出，撤回异议或者被裁定驳回异议后，再次就该执行行为提出异议的，人民法院不予受理。

案外人撤回异议或者被裁定驳回异议后，再次就同一执行标的提出异议的，人民法院不予受理。

第十六条　人民法院依照民事诉讼法第二百二十五条规定做出裁定时，应当告知相关权利人申请复议的权利和期限。

人民法院依照民事诉讼法第二百二十七条规定做出裁定时，应当告知相关权利人提起执行异议之诉的权利和期限。

人民法院做出其他裁定和决定时，法律、司法解释规定了相关权利人申请复议的权利和期限的，应当进行告知。

第十七条　人民法院对执行行为异议，应当按照下列情形，分别处理：

（一）异议不成立的，裁定驳回异议；

（二）异议成立的，裁定撤销相关执行行为；

（三）异议部分成立的，裁定变更相关执行行为；

（四）异议成立或者部分成立，但执行行为无撤销、变更内容的，裁定异议成立或者相应部分异议成立。

第十八条　执行过程中，第三人因书面承诺自愿代被执行人偿还债务而被追加为被执行人后，无正当理由反悔并提出异议的，人民法院不予支持。

第十九条　当事人互负到期债务，被执行人请求抵销，请求抵销的债务符合下列情形的，除依照法律规定或者按照债务性质不得抵销的以外，人民法院应予支持：

（一）已经生效法律文书确定或者经申请执行人认可；

（二）与被执行人所负债务的标的物种类、品质相同。

第二十条　金钱债权执行中，符合下列情形之一，被执行人以执行标的系本人及所扶养家属维持生活必需的居住房屋为由提出异议的，人民法院不予支持：

（一）对被执行人有扶养义务的人名下有其他能够维持生活必需的居住房屋的；

（二）执行依据生效后，被执行人为逃避债务转让其名下其他房屋的；

（三）申请执行人按照当地廉租住房保障面积标准为被执行人及所扶养家属提供居住房屋，或者同意参照当地房屋租赁市场平均租金标准从该房屋的变价款中扣除五至八年租金的。

执行依据确定被执行人交付居住的房屋，自执行通知送达之日起，已经给予三个月的宽限期，被执行人以该房屋系本人及所扶养家属维持生活的必需品为由提出异议的，人民法院不予支持。

第二十一条　当事人、利害关系人提出异议请求撤销拍卖，符合下列情形之一的，人民法院应予支持：

（一）竞买人之间、竞买人与拍卖机构之间恶意串通，损害当事人或者其他竞买人利益的；

（二）买受人不具备法律规定的竞买资格的；

（三）违法限制竞买人参加竞买或者对不同的竞买人规定不同竞买条件的；

（四）未按照法律、司法解释的规定对拍卖标的物进行公告的；

（五）其他严重违反拍卖程序且损害当事人或者竞买人利益的情形。

当事人、利害关系人请求撤销变卖的，参照前款规定处理。

第二十二条　公证债权文书对主债务和担保债务同时赋予强制执行效力的，人民法院应予执行；仅对主债务赋予强制执行效力未涉及担保债务的，对担保债务的执行申请不予受理；仅对担保债务赋予强制执行效力未涉及主债务的，对主债务的执行申请不予受理。

人民法院受理担保债务的执行申请后，被执行人仅以担保合同不属于赋予强制执行效力的公证债权文书范围为由申请不予执行的，不予支持。

第二十三条　上一级人民法院对不服异议裁定的复议申请审查后，应当按照下列情形，分别处理：

（一）异议裁定认定事实清楚，适用法律正确，结果应予维持的，裁定驳回复议申请，维持异议裁定；

（二）异议裁定认定事实错误，或者适用法律错误，结果应予纠正的，裁定撤销或者变更异议裁定；

（三）异议裁定认定基本事实不清、证据不足的，裁定撤销异议裁定，发回做出裁定的人民法院重新审查，或者查清事实后做出相应裁定；

（四）异议裁定遗漏异议请求或者存在其他严重违反法定程序的情形，裁定撤销异议裁定，发回做出裁定的人民法院重新审查；

（五）异议裁定对应当适用民事诉讼法第二百二十七条规定审查处理的异议，错误适用民事诉讼法第二百二十五条规定审查处理的，裁定撤销异议裁定，发回做出裁定的人民法院重新做出裁定。

除依照本条第一款第三、四、五项发回重新审查或者重新做出裁定的情形外，裁定撤销或者变更异议裁定且执行行为可撤销、变更的，应当同时撤销或者变更该裁定维持的执行行为。

人民法院对发回重新审查的案件做出裁定后，当事人、利害关系人申请复议的，上一级人民法院复议后不得再次发回重新审查。

第二十四条 对案外人提出的排除执行异议，人民法院应当审查下列内容：

（一）案外人是否系权利人；

（二）该权利的合法性与真实性；

（三）该权利能否排除执行。

第二十五条 对案外人的异议，人民法院应当按照下列标准判断其是否系权利人：

（一）已登记的不动产，按照不动产登记簿判断；未登记的建筑物、构筑物及其附属设施，按照土地使用权登记簿、建设工程规划许可、施工许可等相关证据判断；

（二）已登记的机动车、船舶、航空器等特定动产，按照相关管理部门的登记判断；未登记的特定动产和其他动产，按照实际占有情况判断；

（三）银行存款和存管在金融机构的有价证券，按照金融机构和登记结算机构登记的账户名称判断；有价证券由具备合法经营资质的托管机构名义持有的，按照该机构登记的实际投资人账户名称判断；

（四）股权按照工商行政管理机关的登记和企业信用信息公示系统公示的信息判断；

（五）其他财产和权利，有登记的，按照登记机构的登记判断；无登记的，按照合同等证明财产权属或者权利人的证据判断。

案外人依据另案生效法律文书提出排除执行异议，该法律文书认定的执行标的权利人与依照前款规定得出的判断不一致的，依照本规定第二十六条规定处理。

第二十六条 金钱债权执行中，案外人依据执行标的被查封、扣押、冻结前做出的另案生效法律文书提出排除执行异议，人民法院应当按照下列情形，分别处理：

（一）该法律文书系就案外人与被执行人之间的权属纠纷以及租赁、借用、保管等不以转移财产权属为目的的合同纠纷，判决、裁决执行标的归属于案外人或者向其返还执行标的且其权利能够排除执行的，应予支持；

（二）该法律文书系就案外人与被执行人之间除前项所列合同之外的债权纠纷，判决、裁决执行标的归属于案外人或者向其交付、返还执行标的的，不予支持。

（三）该法律文书系案外人受让执行标的的拍卖、变卖成交裁定或者以物抵债裁定且其权利能够排除执行的，应予支持。

金钱债权执行中，案外人依据执行标的被查封、扣押、冻结后做出的另案生效法律文书提出排除执行异议的，人民法院不予支持。

非金钱债权执行中，案外人依据另案生效法律文书提出排除执行异议，该法律文书对执行标的的权属做出不同认定的，人民法院应当告知案外人依法申请再审或者通过其他程序解决。

申请执行人或者案外人不服人民法院依照本条第一、二款规定做出的裁定，可以依照民事诉讼法第二百二十七条规定提起执行异议之诉。

第二十七条　申请执行人对执行标的的依法享有对抗案外人的担保物权等优先受偿权，人民法院对案外人提出的排除执行异议不予支持，但法律、司法解释另有规定的除外。

第二十八条　金钱债权执行中，买受人对登记在被执行人名下的不动产提出异议，符合下列情形且其权利能够排除执行的，人民法院应予支持：

（一）在人民法院查封之前已签订合法有效的书面买卖合同；

（二）在人民法院查封之前已合法占有该不动产；

（三）已支付全部价款，或者已按照合同约定支付部分价款且将剩余价款按照人民法院的要求交付执行；

（四）非因买受人自身原因未办理过户登记。

第二十九条　金钱债权执行中，买受人对登记在被执行的房地产开发企业名下的商品房提出异议，符合下列情形且其权利能够排除执行的，人民法院应予支持：

（一）在人民法院查封之前已签订合法有效的书面买卖合同；

（二）所购商品房系用于居住且买受人名下无其他用于居住的房屋；

（三）已支付的价款超过合同约定总价款的百分之五十。

第三十条 金钱债权执行中，对被查封的办理了受让物权预告登记的不动产，受让人提出停止处分异议的，人民法院应予支持；符合物权登记条件，受让人提出排除执行异议的，应予支持。

第三十一条 承租人请求在租赁期内阻止向受让人移交占有被执行的不动产，在人民法院查封之前已签订合法有效的书面租赁合同并占有使用该不动产的，人民法院应予支持。

承租人与被执行人恶意串通，以明显不合理的低价承租被执行的不动产或者伪造交付租金证据的，对其提出的阻止移交占有的请求，人民法院不予支持。

第三十二条 本规定施行后尚未审查终结的执行异议和复议案件，适用本规定。本规定施行前已经审查终结的执行异议和复议案件，人民法院依法提起执行监督程序的，不适用本规定。

5.《最高人民法院关于人民法院执行工作若干问题的规定（试行）》（节选）

（1998年6月11日最高人民法院审判委员会第992次会议通过，法释〔1998〕15号）

四、执行前的准备和对被执行人财产状况的查明

24. 人民法院决定受理执行案件后，应当在三日内向被执行人发出执行通知书，责令其在指定的期间内履行生效法律文书确定的义务，并承担民事诉讼法第二百三十二条规定的迟延履行期间的债务利息或迟延履行金。

25. 执行通知书的送达，适用民事诉讼法关于送达的规定。

26. 被执行人未按执行通知书指定的期间履行生效法律文书确定的义务的，应当及时采取执行措施。

在执行通知书指定的期限内，被执行人转移、隐匿、变卖、毁损财产的，应当立即采取执行措施。

人民法院采取执行措施，应当制作裁定书，送达被执行人。

27. 人民法院执行非诉讼生效法律文书，必要时可向制作生效法律文书的机构调取卷宗材料。

28. 申请执行人应当向人民法院提供其所了解的被执行人的财产状况或线索。被执行人必须如实向人民法院报告其财产状况。

人民法院在执行中有权向被执行人、有关机关、社会团体、企业事业单位或公民个人，调查了解被执行人的财产状况，对调查所需的材料可以进行复制、抄录或拍照，但应当依法保密。

29. 为查明被执行人的财产状况和履行义务的能力，可以传唤被执行人或被执行人的法定代表人或负责人到人民法院接受询问。

30. 被执行人拒绝按人民法院的要求提供其有关财产状况的证据材料的，人民法院可以按照民事诉讼法第二百二十七条的规定进行搜查。

31. 人民法院依法搜查时，对被执行人可能存放隐匿的财物及有关证据材料的处所、箱柜等，经责令被执行人开启而拒不配合的，可以强制开启。

五、金钱给付的执行

32. 查询、冻结、划拨被执行人在银行（含其分理处、营业所和储蓄所）、非银行金融机构、其他有储蓄业务的单位（以下简称金融机构）的存款，依照中国人民银行、最高人民法院、最高人民检察院、公安部《关于查询、冻结、扣划企业事业单位、机关、团体银行存款的通知》的规定办理。

33. 金融机构擅自解冻被人民法院冻结的款项，致冻结款项被转移的，人民法院有权责令其限期追回已转移的款项。在限期内未能追回的，应当裁定该金融机构在转移的款项范围内以自己的财产向申请执行人承担责任。

34. 被执行人为金融机构的，对其交存在人民银行的存款准备金和备付金不得冻结和扣划，但对其在本机构、其他金融机构的存款，及其在人民银行的其他存款可以冻结、划拨，并可对被执行人的其他财产采取执行措施，但不得查封其营业场所。

35. 作为被执行人的公民，其收入转为储蓄存款的，应当责令其交出存单。拒不交出的，人民法院应当做出提取其存款的裁定，向金融机构发出协助执行通知书，并附生效法律文书，由金融机构提取被执行人的存款交人民法院或存入人民法院指定的账户。

36. 被执行人在有关单位的收入尚未支取的，人民法院应当做出裁定，向该单位发出协助执行通知书，由其协助扣留或提取。

37. 有关单位收到人民法院协助执行被执行人收入的通知后，擅自向被执行人或其他人支付的，人民法院有权责令其限期追回；逾期未追回的，应当裁定其在支付的数额内向申请执行人承担责任。

38. 被执行人无金钱给付能力的，人民法院有权裁定对被执行人的其他财产采取查封、扣押措施。裁定书应送达被执行人。

采取前款措施需有关单位协助的，应当向有关单位发出协助执行通知书，连同裁定书副本一并送达有关单位。

39．查封、扣押财产的价值应当与被执行人履行债务的价值相当。

40．人民法院对被执行人所有的其他人享有抵押权、质押权或留置权的财产，可以采取查封、扣押措施。财产拍卖、变卖后所得价款，应当在抵押权人、质押权人或留置权人优先受偿后，其余额部分用于清偿申请执行人的债权。

41．对动产的查封，应当采取加贴封条的方式。不便加贴封条的，应当张贴公告。

对有产权证照的动产或不动产的查封，应当向有关管理机关发出协助执行通知书，要求其不得办理查封财产的转移过户手续，同时可以责令被执行人将有关财产权证照交人民法院保管。必要时也可以采取加贴封条或张贴公告的方法查封。

既未向有关管理机关发出协助执行通知书，也未采取加贴封条或张贴公告的办法查封的，不得对抗其他人民法院的查封。

42．被查封的财产，可以指令由被执行人负责保管。如继续使用被查封的财产对其价值无重大影响，可以允许被执行人继续使用。因被执行人保管或使用的过错造成的损失，由被执行人承担。

43．被扣押的财产，人民法院可以自行保管，也可以委托其他单位或个人保管。对扣押的财产，保管人不得使用。

44．被执行人或其他人擅自处分已被查封、扣押、冻结财产的，人民法院有权责令责任人限期追回财产或承担相应的赔偿责任。

45．被执行人的财产经查封、扣押后，在人民法院指定的期间内履行义务的，人民法院应当及时解除查封、扣押措施。

46．人民法院对查封、扣押的被执行人财产进行变价时，应当委托拍卖机构进行拍卖。

财产无法委托拍卖、不适于拍卖或当事人双方同意不需要拍卖的，人民法院可以交由有关单位变卖或自行组织变卖。

47．人民法院对拍卖、变卖被执行人的财产，应当委托依法成立的资产评估机构进行价格评估。

48．被执行人申请对人民法院查封的财产自行变卖的，人民法院可以准许，但应当监督其按照合理价格在指定的期限内进行，并控制变卖的价款。

49．拍卖、变卖被执行人的财产成交后，必须即时钱物两清。

委托拍卖、组织变卖被执行人财产所发生的实际费用，从所得价款中优先扣除。所得价款超出执行标的数额和执行费用的部分，应当退还被执行人。

50．被执行人不履行生效法律文书确定的义务，人民法院有权裁定禁止被执行人转让其专利权、注册商标专用权、著作权（财产权部分）等知识产权。上述权利有登记主管部门的，应当同时向有关部门发出协助执行通知书，要求其不得办理财产权转移手续，必要时可以责令被执行人将产权或使用权证照交人民法院保存。

对前款财产权，可以采取拍卖、变卖等执行措施。

51．对被执行人从有关企业中应得的已到期的股息或红利等收益，人民法院有权裁定禁止被执行人提取和有关企业向被执行人支付，并要求有关企业直接向申请执行人支付。

对被执行人预期从有关企业中应得的股息或红利等收益，人民法院可以采取冻结措施，禁止到期后被执行人提取和有关企业向被执行人支付。到期后人民法院可从有关企业中提取，并出具提取收据。

52．对被执行人在其他股份有限公司中持有的股份凭证（股票），人民法院可以扣押，并强制被执行人按照公司法的有关规定转让，也可以直接采取拍卖、变卖的方式进行处分，或直接将股票抵偿给债权人，用于清偿被执行人的债务。

53．对被执行人在有限责任公司、其他法人企业中的投资权益或股权，人民法院可以采取冻结措施。

冻结投资权益或股权的，应当通知有关企业不得办理被冻结投资权益或股权的转移手续，不得向被执行人支付股息或红利。被冻结的投资权益或股权，被执行人不得自行转让。

54．被执行人在其独资开办的法人企业中拥的投资权益被冻结后，人民法院可以直接裁定予以转让，以转让所得清偿其对申请执行人的债务。

对被执行人在有限责任公司中被冻结的投资权益或股权，人民法院可以依据《中华人民共和国公司法》第三十五条、第三十六条的规定，征得全体股东过半数同意后，予以拍卖、变卖或以其他方式转让。不同意转让的股东，应当购买该转让的投资权益或股权，不购买的，视为同意转让，不影响执行。

人民法院也可允许并监督被执行人自行转让其投资权益或股权，将转让所得收益用于清偿对申请执行人的债务。

55．对被执行人在中外合资、合作经营企业中的投资权益或股权，在征得合资或合作他方的同意和对外经济贸易主管机关的批准后，可以对冻结的投资权益或股权予以转让。

如果被执行人除在中外合资、合作企业中的股权以外别无其他财产可供执行，其他股东又不同意转让的，可以直接强制转让被执行人的股权，但应当保护合资他方的优先购买权。

56．有关企业收到人民法院发出的协助冻结通知后，擅自向被执行人支付股息或红利，或擅自为被执行人办理已冻结股权的转移手续，造成已转移的财产无法追回的，应当在所支付的股息或红利或转移的股权价值范围内向申请执行人承担责任。

六、交付财产和完成行为的执行

57．生效法律文书确定被执行人交付特定标的物的，应当执行原物。原物被隐匿或非法转移的，人民法院有权责令其交出。原物确已变质、损坏或灭失的，应当裁定折价赔偿或按标的物的价值强制执行被执行人的其他财产。

58．有关单位或公民持有法律文书指定交付的财物或票证，在接到人民法院协助执行通知书或通知书后，协同被执行人转移财物或票证的，人民法院有权责令其限期追回；逾期未追回的，应当裁定其承担赔偿责任。

59．被执行人的财产经拍卖、变卖或裁定以物抵债后，需从现占有人处交付给买受人或申请执行人的，适用民事诉讼法第二百二十八条、第二百二十九条和本规定57条、58条的规定。

60．被执行人拒不履行生效法律文书中指定的行为的，人民法院可以强制其履行。

对于可以替代履行的行为，可以委托有关单位或他人完成，因完成上述行为发生的费用由被执行人承担。

对于只能由被执行人完成的行为，经教育，被执行人仍拒不履行的，人民法院应当按照妨害执行行为的有关规定处理。

七、被执行人到期债权的执行

61．被执行人不能清偿债务，但对本案以外的第三人享有到期债权的，人民法院可以依申请执行人或被执行人的申请，向第三人发出履行到期债务的通知（以下简称履行通知）。履行通知必须直接送达第三人。

履行通知应当包含下列内容：

（1）第三人直接向申请执行人履行其对被执行人所负的债务，不得向被执行人清偿；

（2）第三人应当在收到履行通知后的十五日内向申请执行人履行债务；

（3）第三人对履行到期债权有异议的，应当在收到履行通知后的十五日内向执行法院提出；

（4）第三人违背上述义务的法律后果。

62．第三人对履行通知的异议一般应当以书面形式提出，口头提出的，执行人员应记入笔录，并由第三人签字或盖章。

63．第三人在履行通知指定的期间内提出异议的，人民法院不得对第三人强制执行，对提出的异议不进行审查。

64．第三人提出自己无履行能力或其与申请执行人无直接法律关系，不属于本规定所指的异议。

第三人对债务部分承认、部分有异议的，可以对其承认的部分强制执行。

65．第三人在履行通知指定的期限内没有提出异议，而又不履行的，执行法院有权裁定对其强制执行。此裁定同时送达第三人和被执行人。

66．被执行人收到人民法院履行通知后，放弃其对第三人的债权或延缓第三人履行期限的行为无效，人民法院仍可在第三人无异议又不履行的情况下予以强制执行。

67．第三人收到人民法院要求其履行到期债务的通知后，擅自向被执行人履行，造成已向被执行人履行的财产不能追回的，除在已履行的财产范围内与被执行人承担连带清偿责任外，可以追究其妨害执行的责任。

68．在对第三人做出强制执行裁定后，第三人确无财产可供执行的，不得就第三人对他人享有的到期债权强制执行。

69．第三人按照人民法院履行通知向申请执行人履行了债务或已被强制执行后，人民法院应当出具有关证明。

八、对案外人异议的处理

70．案外人对执行标的主张权利的，可以向执行法院提出异议。

案外人异议一般应当以书面形式提出，并提供相应的证据。以书面形式提出确有困难的，可以允许以口头形式提出。

71．对案外人提出的异议，执行法院应当依照民事诉讼法第二百零八条的规定进行审查。

审查期间可以对财产采取查封、扣押、冻结等保全措施,但不得进行处分。正在实施的处分措施应当停止。

经审查认为案外人的异议理由不成立的,裁定驳回其异议,继续执行。

72．案外人提出异议的执行标的物是法律文书指定交付的特定物,经审查认为案外人的异议成立的,报经院长批准,裁定对生效法律文书中该项内容中止执行。

73．执行标的物不属生效法律文书指定交付的特定物,经审查认为案外人的异议成立的,报经院长批准,停止对该标的物的执行。已经采取的执行措施应当裁定立即解除或撤销,并将该标的物交还案外人。

74．对案外人提出的异议一时难以确定是否成立,案外人已提供确实有效的担保的,可以解除查封、扣押措施。申请执行人提供确实有效的担保的,可以继续执行。因提供担保而解除查封扣押或继续执行有错误,给对方造成损失的,应裁定以担保的财产予以赔偿。

75．执行上级人民法院的法律文书遇有本规定72条规定的情形的,或执行的财产是上级人民法院裁定保全的财产时遇有本规定73条、74条规定的情形的,需报经上级人民法院批准。

九、被执行主体的变更和追加

76．被执行人为无法人资格的私营独资企业,无能力履行法律文书确定的义务的,人民法院可以裁定执行该独资企业业主的其他财产。

77．被执行人为个人合伙组织或合伙型联营企业,无能力履行生效法律文书确定的义务的,人民法院可以裁定追加该合伙组织的合伙人或参加该联营企业的法人为被执行人。

78．被执行人为企业法人的分支机构不能清偿债务时,可以裁定企业法人为被执行人。企业法人直接经营管理的财产仍不能清偿债务的,人民法院可以裁定执行该企业法人其他分支机构的财产。

若必须执行已被承包或租赁的企业法人分支机构的财产时，对承包人或承租人投入及应得的收益应依法保护。

79．被执行人按法定程序分立为两个或多个具有法人资格的企业，分立后存续的企业按照分立协议确定的比例承担债务；不符合法定程序分立的，裁定由分立后存续的企业按照其从被执行企业分得的资产占原企业总资产的比例对申请执行人承担责任。

80．被执行人无财产清偿债务，如果其开办单位对其开办时投入的注册资金不实或抽逃注册资金，可以裁定变更或追加其开办单位为被执行人，在注册资金不实或抽逃注册资金的范围内，对申请执行人承担责任。

81．被执行人被撤销、注销或歇业后，上级主管部门或开办单位无偿接受被执行人的财产，致使被执行人无遗留财产清偿债务或遗留财产不足清偿的，可以裁定由上级主管部门或开办单位在所接受的财产范围内承担责任。

82．被执行人的开办单位已经在注册资金范围内或接受财产的范围内向其他债权人承担了全部责任的，人民法院不得裁定开办单位重复承担责任。

83．依照民事诉讼法第二百一十三条、最高人民法院关于适用民事诉讼法若干问题的意见第271条至第274条及本规定裁定变更或追加被执行主体的，由执行法院的执行机构办理。

十、执行担保和执行和解

84．被执行人或其担保人以财产向人民法院提供执行担保的，应当依据《中华人民共和国担保法》的有关规定，按照担保物的种类、性质，将担保物移交执行法院，或依法到有关机关办理登记手续。

85．人民法院在审理案件期间，保证人为被执行人提供保证，人民法院据此未对被执行人的财产采取保全措施或解除保全措施的，案件审结后如果被执行人无财产可供执行或其财产不足清偿债务时，即使生效法律文书中未确定保证人承担责任，人民法院有权裁定执行保证人在保证责任范围内的财产。

86. 在执行中，双方当事人可以自愿达成和解协议，变更生效法律文书确定的履行义务主体、标的物及其数额、履行期限和履行方式。

和解协议一般应当采取书面形式。执行人员应将和解协议副本附卷。无书面协议的，执行人员应将和解协议的内容记入笔录，并由双方当事人签名或盖章。

87. 当事人之间达成的和解协议合法有效并已履行完毕的，人民法院作执行结案处理。

十一、多个债权人对一个债务人申请执行和参与分配

88. 多份生效法律文书确定金钱给付内容的多个债权人分别对同一被执行人申请执行，各债权人对执行标的物均无担保物权的，按照执行法院采取执行措施的先后顺序受偿。

多个债权人的债权种类不同的，基于所有权和担保物权而享有的债权，优先于金钱债权受偿。有多个担保物权的，按照各担保物权成立的先后顺序清偿。

一份生效法律文书确定金钱给付内容的多个债权人对同一被执行人申请执行，执行的财产不足清偿全部债务的，各债权人对执行标的物均无担保物权的，按照各债权比例受偿。

89. 被执行人为企业法人，其财产不足清偿全部债务的，可告知当事人依法申请被执行人破产。

90. 被执行人为公民或其他组织，其全部或主要财产已被一个人民法院因执行确定金钱给付的生效法律文书而查封、扣押或冻结，无其他财产可供执行或其他财产不足清偿全部债务的，在被执行人的财产被执行完毕前，对该被执行人已经取得金钱债权执行依据的其他债权人可以申请对该被执行人的财产参与分配。

91. 对参与被执行人财产的具体分配，应当由首先查封、扣押或冻结的法院主持进行。

首先查封、扣押、冻结的法院所采取的执行措施如系为执行财产保全裁定，具体分配应当在该院案件审理终结后进行。

92．债权人申请参与分配的，应当向其原申请执行法院提交参与分配申请书，写明参与分配的理由，并附有执行依据。该执行法院应将参与分配申请书转交给主持分配的法院，并说明执行情况。

93．对人民法院查封、扣押或冻结的财产有优先权、担保物权的债权人，可以申请参加参与分配程序，主张优先受偿权。

94．参与分配案件中可供执行的财产，在对享有优先权、担保权的债权人依照法律规定的顺序优先受偿后，按照各个案件债权额的比例进行分配。

95．被执行人的财产被分配给各债权人后，被执行人对其剩余债务应当继续清偿。债权人发现被执行人有其他财产的，人民法院可以根据债权人的申请继续依法执行。

96．被执行人为企业法人，未经清理或清算而撤销、注销或歇业，其财产不足清偿全部债务的，应当参照本规定90条至95条的规定，对各债权人的债权按比例清偿。

十二、对妨害执行行为的强制措施的适用

97．对必须到人民法院接受询问的被执行人或被执行人的法定代表人或负责人，经两次传票传唤，无正当理由拒不到场的，人民法院可以对其进行拘传。

98．对被拘传人的调查询问不得超过二十四小时，调查询问后不得限制被拘传人的人身自由。

99．在本辖区以外采取拘传措施时，应当将被拘传人拘传到当地法院，当地法院应予以协助。

100．被执行人或其他人有下列拒不履行生效法律文书或者妨害执行行为之一的，人民法院可以依照民事诉讼法第一百零二条的规定处理：

（1）隐藏、转移、变卖、毁损向人民法院提供执行担保的财产的；

（2）案外人与被执行人恶意串通转移被执行人财产的；

（3）故意撕毁人民法院执行公告、封条的；

（4）伪造、隐藏、毁灭有关被执行人履行能力的重要证据，妨碍人民法院查明被执行人财产状况的；

（5）指使、贿买、胁迫他人对被执行人的财产状况和履行义务的能力问题作伪证的；

（6）妨碍人民法院依法搜查的；

（7）以暴力、威胁或其他方法妨碍或抗拒执行的；

（8）哄闹、冲击执行现场的；

（9）对人民法院执行人员或协助执行人员进行侮辱、诽谤、诬陷、围攻、威胁、殴打或者打击报复的；

（10）毁损、抢夺执行案件材料、执行公务车辆、其他执行器械、执行人员服装和执行公务证件的；

（11）在执行过程中遇有被执行人或其他人拒不履行生效法律文书或者妨害执行情节严重，需要追究刑事责任的，应将有关材料移交有关机关处理。

6.《最高人民法院关于依法制裁规避执行行为的若干意见》

（2011年5月27日颁布，法〔2011〕195号）

为了最大限度地实现生效法律文书确认的债权，提高执行效率，强化执行效果，维护司法权威，现就依法制裁规避执行行为提出以下意见：

一、强化财产报告和财产调查，多渠道查明被执行人财产

1. 严格落实财产报告制度。对于被执行人未按执行通知履行法律文书确定义务的，执行法院应当要求被执行人限期如实报告财产，并告知拒绝报告或者虚假报告的法律后果。对于被执行人暂时无财产可供执行的，可以要求被执行人定期报告。

2. 强化申请执行人提供财产线索的责任。各地法院可以根据案件的实际情况，要求申请执行人提供被执行人的财产状况或者财产线索，并告知不能提供的风险。各地法院也可根据本地的实际情况，探索尝试以调查令、委托调查函等方式赋予代理律师法律规定范围内的财产调查权。

3. 加强人民法院依职权调查财产的力度。各地法院要充分发挥执行联动机制的作用，完善与金融、房地产管理、国土资源、车辆管理、工商管理等各有关单位的财产查控网络，细化协助配合措施，进一步拓宽财产调查渠道，简化财产调查手续，提高财产调查效率。

4. 适当运用审计方法调查被执行人财产。被执行人未履行法律文书确定的义务，且有转移隐匿处分财产、投资开设分支机构、入股其他企业或者抽逃注册资金等情形的，执行法院可以根据申请执行人的申请委托中介机构对被执行人进行审计。审计费用由申请执行人垫付，被执行人确有转移隐匿处分财产等情形的，实际执行到位后由被执行人承担。

5. 建立财产举报机制。执行法院可以依据申请执行人的悬赏执行申请，向社会发布举报被执行人财产线索的悬赏公告。举报人提供的财产线索经查证属实并实际执行到位的，可按申请执行人承诺的标准或者比例奖励举报人。奖励资金由申请执行人承担。

二、强化财产保全措施，加大对保全财产和担保财产的执行力度

6. 加大对当事人的风险提示。各地法院在立案和审判阶段，要通过法律释明向当事人提示诉讼和执行风险，强化当事人的风险防范意识，引导债权人及时申请财产保全，有效防止债务人在执行程序开始前转移财产。

7. 加大财产保全力度。各地法院要加强立案、审判和执行环节在财产保全方面的协调配合，加大依法进行财产保全的力度，强化审判与执行在财产保全方面的衔接，降低债务人或者被执行人隐匿、转移财产的风险。

8. 对保全财产和担保财产及时采取执行措施。进入执行程序后，各地法院要加大对保全财产和担保财产的执行力度，对当事人、担保人或者第三人提出的异议要及时进行审查，审查期间应当依法对相应财产采取控制性措施，驳回异议后应当加大对相应财产的执行力度。

三、依法防止恶意诉讼，保障民事审判和执行活动有序进行

9. 严格执行关于案外人异议之诉的管辖规定。在执行阶段，案外人对人民法院已经查封、扣押、冻结的财产提起异议之诉的，应当依照《中华人民共和国民事诉讼法》第二百零四条和《最高人民法院关于适用民事诉讼法执行程序若干问题的解释》第十八条的规定，由执行法院受理。

案外人违反上述管辖规定，向执行法院之外的其他法院起诉，其他法院已经受理尚未做出裁判的，应当中止审理或者撤销案件，并告知案外人向做出查封、扣押、冻结裁定的执行法院起诉。

10. 加强对破产案件的监督。执行法院发现被执行人有虚假破产情形的，应当及时向受理破产案件的人民法院提出。申请执行人认为被执行人利用破产逃债的，可以向受理破产案件的人民法院或者其上级人民法院提出异议，受理异议的法院应当依法进行监督。

11. 对于当事人恶意诉讼取得的生效裁判应当依法再审。案外人违反上述管辖规定，向执行法院之外的其他法院起诉，并取得生效裁判文书将已被执行法院查封、扣押、冻结的财产确权或者分割给案外人，或者第三人与被执行人虚构事实取得人民法院生效裁判文书申请参与分配，执行法院认为该生效裁判文书系恶意串通规避执行损害执行债权人利益的，可以向做出该裁判文书的人民法院或者其上级人民法院提出书面建议，有关法院应当依照《中华人民共和国民事诉讼法》和有关司法解释的规定决定再审。

四、完善对被执行人享有债权的保全和执行措施，运用代位权、撤销权诉讼制裁规避执行行为

12. 依法执行已经生效法律文书确认的被执行人的债权。对于被执行人已经生效法律文书确认的债权，执行法院可以书面通知被执行人在限期内向有管辖权的人民法院申请执行该生效法律文书。限期届满被执行人仍怠于申请执行的，执行法院可以依法强制执行该到期债权。

被执行人已经申请执行的，执行法院可以请求执行该债权的人民法院协助扣留相应的执行款物。

13. 依法保全被执行人的未到期债权。对被执行人的未到期债权，执行法院可以依法冻结，待债权到期后参照到期债权予以执行。第三人仅以该债务未到期为由提出异议的，不影响对该债权的保全。

14. 引导申请执行人依法诉讼。被执行人怠于行使债权对申请执行人造成损害的，执行法院可以告知申请执行人依照《中华人民共和国合同法》第七十三条的规定，向有管辖权的人民法院提起代位权诉讼。

被执行人放弃债权、无偿转让财产或者以明显不合理的低价转让财产，对申请执行人造成损害的，执行法院可以告知申请执行人依照《中华人民共和国合同法》第七十四条的规定向有管辖权的人民法院提起撤销权诉讼。

五、充分运用民事和刑事制裁手段，依法加强对规避执行行为的刑事处罚力度

15. 对规避执行行为加大民事强制措施的适用。被执行人既不履行义务又拒绝报告财产或者进行虚假报告、拒绝交出或者提供虚假财务会计凭证、协助执行义务人拒不协助执行或者妨碍执行、到期债务第三人提出异议后又擅自向被执行人清偿等，给申请执行人造成损失的，应当依法对相关责任人予以罚款、拘留。

16. 对构成犯罪的规避执行行为加大刑事制裁力度。被执行人隐匿财产、虚构债务或者以其他方法隐藏、转移、处分可供执行的财产，拒不交出或者隐匿、销毁、制作虚假财务会计凭证或资产负债表等相关资料，以虚假诉讼或者仲裁手段转移财产、虚构优先债权或者申请参与分配，中介机构提供虚假证明文件或者提供的文件有重大失实，被执行人、担保人、协助义务人有能力执行而拒不执行或者拒不协助执行等，损害申请执行人或其他债权人利益，依照刑法的规定构成犯罪的，应当依法追究行为人的刑事责任。

17. 加强与公安、检察机关的沟通协调。各地法院应当加强与公安、检察机关的协调配合，建立快捷、便利、高效的协作机制，细化拒不执行判决裁定罪和妨害公务罪的适用条件。

18. 充分调查取证。各地法院在执行案件过程中，在行为人存在拒不执行判决裁定或者妨害公务行为的情况下，应当注意收集证据。认为构成犯罪的，应当及时将案件及相关证据材料移送犯罪行为发生地的公安机关立案查处。

19. 抓紧依法审理。对检察机关提起公诉的拒不执行判决裁定或者妨害公务案件，人民法院应当抓紧审理，依法审判，快速结案，加大判后宣传力度，充分发挥刑罚手段的威慑力。

六、依法采取多种措施，有效防范规避执行行为

20. 依法变更追加被执行主体或者告知申请执行人另行起诉。有充分证据证明被执行人通过离婚析产、不依法清算、改制重组、关联交易、财产混同等方式恶意转移财产规避执行的，执行法院可以通过依法变更追加被执行人或者告知申请执行人通过诉讼程序追回被转移的财产。

21．建立健全征信体系。各地法院应当逐步建立健全与相关部门资源共享的信用平台，有条件的地方可以建立个人和企业信用信息数据库，将被执行人不履行债务的相关信息录入信用平台或者信息数据库，充分运用其形成的威慑力制裁规避执行行为。

22．加大宣传力度。各地法院应当充分运用新闻媒体曝光、公开执行等手段，将被执行人因规避执行被制裁或者处罚的典型案例在新闻媒体上予以公布，以维护法律权威，提升公众自觉履行义务的法律意识。

23．充分运用限制高消费手段。各地法院应当充分运用限制高消费手段，逐步构建与有关单位的协作平台，明确有关单位的监督责任，细化协作方式，完善协助程序。

24．加强与公安机关的协作查找被执行人。对于因逃避执行而长期下落不明或者变更经营场所的被执行人，各地法院应当积极与公安机关协调，加大查找被执行人的力度。

7.《最高人民法院印发＜关于执行案件立案、结案若干问题的意见＞的通知》（节选）

（2014年12月17日颁布，法发〔2014〕26号）

第十六条 有下列情形之一的，可以以"终结本次执行程序"方式结案：

（一）被执行人确无财产可供执行，申请执行人书面同意人民法院终结本次执行程序的；

（二）因被执行人无财产而中止执行满两年，经查证被执行人确无财产可供执行的；

（三）申请执行人明确表示提供不出被执行人的财产或财产线索，并在人民法院穷尽财产调查措施之后，对人民法院认定被执行人无财产可供执行书面表示认可的；

（四）被执行人的财产无法拍卖变卖，或者动产经两次拍卖、不动产或其他财产权经三次拍卖仍然流拍，申请执行人拒绝接受或者依法不能交付其抵债，经人民法院穷尽财产调查措施，被执行人确无其他财产可供执行的；

（五）经人民法院穷尽财产调查措施，被执行人确无财产可供执行或虽有财产但不宜强制执行，当事人达成分期履行和解协议，且未履行完毕的；

（六）被执行人确无财产可供执行，申请执行人属于特困群体，执行法院已经给予其适当救助的。

人民法院应当依法组成合议庭，就案件是否终结本次执行程序进行合议。

终结本次执行程序应当制作裁定书，送达申请执行人。裁定应当载明案件的执行情况、申请执行人债权已受偿和未受偿的情况、终结本次执行程序的理由，以及发现被执行人有可供执行财产，可以申请恢复执行等内容。

依据本条第一款第（二）（四）（五）（六）项规定的情形裁定终结本次执行程序前，应当告知申请执行人可以在指定的期限内提出异议。申请执行人提出异议的，应当另行组成合议庭组织当事人就被执行人是否有财产可供执行进行听证；申请执行人提供被执行人财产线索的，人民法院应当就其提供的线索重新调查核实，发现被执行人有财产可供执行的，应当继续执行；经听证认定被执行人确无财产可供执行，申请执行人亦不能提供被执行人有可供执行财产的，可以裁定终结本次执行程序。

本条第一款第（三）（四）（五）项中规定的"人民法院穷尽财产调查措施"，是指至少完成下列调查事项：

（一）被执行人是法人或其他组织的，应当向银行业金融机构查询银行存款，向有关房地产管理部门查询房地产登记，向法人登记机关查询股权，向有关车管部门查询车辆等情况；

（二）被执行人是自然人的，应当向被执行人所在单位及居住地周边群众调查了解被执行人的财产状况或财产线索，包括被执行人的经济收入来源、被执行人到期债权等。如果根据财产线索判断被执行人有较高收入，应当按照对法人或其他组织的调查途径进行调查；

（三）通过最高人民法院的全国法院网络执行查控系统和执行法院所属高级人民法院的"点对点"网络执行查控系统能够完成的调查事项；

（四）法律、司法解释规定必须完成的调查事项。

人民法院裁定终结本次执行程序后，发现被执行人有财产的，可以依申请执行人的申请或依职权恢复执行。申请执行人申请恢复执行的，不受申请执行期限的限制。

8. 办理具有强制执行效力债权文书公证及出具执行证书的指导意见

（2008年4月23日中国公证协会第五届常务理事会第五次会议通过）

第一条 为了规范公证机构办理具有强制执行效力的债权文书公证及出具执行证书活动，根据《中华人民共和国民事诉讼法》、《中华人民共和国公证法》、《公证程序规则》和《最高人民法院、司法部关于公证机关赋予强制执行效力的债权文书执行有关问题的联合通知》（以下简称"《联合通知》"）的有关规定，制定本指导意见。

第二条 当事人申请办理具有强制执行效力的债权文书公证，应当由债权人和债务人共同向公证机构提出。涉及第三人担保的债权文书，担保人（包括保证人、抵押人、出质人、反担保人，下同）承诺愿意接受强制执行的，担保人应当向公证机构提出申请。

申请出具执行证书由债权人向公证机构提出。

第三条 公证机构办理具有强制执行效力的债权文书公证，债权文书应当以给付为内容，具体范围为《联合通知》第二条规定的债权文书。

第四条 符合《联合通知》第二条规定未经公证的债权文书，当事人就履行过程中出现的争议或者违约订立新的协议，并就新的协议共同向公证机构申请办理具有强制执行效力债权文书公证的，公证机构可以受理，但应当要求当事人提供原债权真实、合法的证明材料，并对证明材料采取适当的方式进行核实。

第五条 申请办理具有强制执行效力公证的债权文书应当对债权债务的标的、数额（包括违约金、利息、滞纳金）及计算方法、履行期限、地点和方式约定明确。

当事人互为给付、债权文书附条件或者附期限，以及债权债务的数额（包括违约金、利息、滞纳金）、期限不固定的情形不属于债权债务关系不明确。

第六条　当事人申请办理具有强制执行效力的债权文书公证，债权文书中应当载明当债务人（包括担保人）不履行或者不适当履行义务时，其愿意接受强制执行的承诺。

债务人（包括担保人）仅在债权文书的附件（包括补充条款、承诺书）中载明愿意接受强制执行承诺的，当事人应当在附件上签名（盖章）。该附件应当与债权文书一并装订在公证书中。

当事人在公证申请表、询问笔录等债权文书（包括附件）以外的其他文书上所作的愿意接受强制执行的承诺，不宜单独作为公证机构办理具有强制执行效力的债权文书公证的依据。

第七条　债务人（包括担保人）的委托代理人代理申办公证时，在债权文书中增设愿意接受强制执行承诺条款的，其授权委托书中应当包括授权增设愿意接受强制执行承诺的内容，或者包括授权申办具有强制执行效力债权文书公证的内容，或者包括授权代理签订合同的内容。

第八条　公证机构办理具有强制执行效力的债权文书公证，除需要按照《公证程序规则》规定的事项进行审查外，还应当重点审查下列事项：

（一）债务人（包括担保人）愿意接受强制执行的承诺是否明确，债务人（包括担保人）对做出愿意接受强制执行承诺的法律意义和后果是否清楚；

（二）债权债务关系是否明确，债权人和债务人（包括担保人）对债权文书的下列给付内容是否无疑义：

1. 债权债务的标的、数额（包括违约金、利息、滞纳金）及计算方法、履行期限、地点和方式；

2. 债务为分期履行的，对分期履行债务的强制执行的条件和范围的约定。

（三）对核实债务不履行或者不适当履行的方式所作的约定是否明确。

第九条 公证机构可以指导当事人就出具执行证书过程中双方当事人的举证责任和对债务人（包括担保人）不履行或者不适当履行债务的核实方式做出约定。债务人（包括担保人）可以约定采用"公证处信函核实"或者"公证处电话（传真）核实"等核实方式。该约定可以记载在债权文书或者其附件（包括补充条款、承诺书）中。

"公证处信函核实"方式是指公证机构在出具执行证书前，应当根据当事人约定的寄送方式和通讯地址向债务人（包括担保人）以信函方式核实债务人（包括担保人）不履行或者不适当履行债务的事实。

"公证处电话（传真）核实"方式是指公证机构在出具执行证书前，应当根据当事人约定的通讯号码向债务人（包括担保人）以电话（传真）方式核实债务人（包括担保人）不履行或者不适当履行债务的事实。

第十条 公证机构办理具有强制执行效力的债权文书公证，除需要按照《公证程序规则》规定向当事人进行告知外，还应当重点告知下列内容：

（一）申办具有强制执行效力债权文书公证的法律意义和后果；

（二）债权人申请出具执行证书的程序、期限和举证责任；

（三）债务人（包括担保人）对债权人申请出具执行证书提出异议的程序、期限和举证责任。

公证机构告知上述内容可以采用告知书、询问笔录等方式，书面告知应当由当事人签名。

第十一条 债权人向公证机构申请出具执行证书，应当提交下列材料：

（一）申请公证机构出具执行证书的申请书，申请书应当包括债权人保证所提交证明材料真实的承诺；

（二）经公证的具有强制执行效力的债权文书；

（三）委托代理人的，提交授权委托书；

（四）已履行了债权文书约定义务的证明材料。

债权人如有债务人（包括担保人）不履行或者不适当履行债务的证明材料，应当向公证机构提交。

第十二条　公证机构出具执行证书，除需要按照《联合通知》第五条规定的内容进行审查外，还应当重点审查下列内容：

（一）债权人提交的已按债权文书约定履行了义务的证明材料是否充分、属实；

（二）向债务人（包括担保人）核实其对债权文书载明的履行义务有无疑义，以及债权人提出的债务人（包括担保人）不履行或者不适当履行债务的主张是否属实。

第十三条　公证机构在出具执行证书前，对债务人（包括担保人）不履行或者不适当履行债务的事实进行核实时，当事人对核实方式有约定的，应当按照当事人约定的方式核实；当事人没有约定的，可以依据本指导意见第九条的规定自行决定核实方式。

公证机构按照当事人约定的方式进行核实时，无法与债务人（包括担保人）取得联系，或者债务人（包括担保人）未按约定方式回复，或者债务人（包括担保人）回复时提出异议但未能提出充分证明材料，不影响公证机构按照法定程序出具执行证书。

第十四条　有下列情形之一的，公证机构不予出具执行证书：

（一）债权人未能对其已经履行义务的主张提出充分的证明材料；

（二）债务人（包括担保人）对其已经履行义务的主张提出了充分的证明材料；

（三）公证机构无法在法律规定的执行期限内完成核实；

（四）人民法院已经受理了当事人就具有强制执行效力的债权文书提起的诉讼。

第十五条　公证机构在出具执行证书时，应当向债权人告知其向有管辖权的人民法院申请执行的期限。

第十六条　公证机构出具执行证书后，应当将核实债权文书履行状况的过程和结果制作成询问笔录、工作记录等书面材料归档保存。

第十七条　公证机构办理具有强制执行效力的债权文书公证及出具执行证书，应当注意下列问题：

（一）可以要求当事人在债权文书、询问笔录和告知书上捺指印；

（二）债权文书涉及股权、不动产的，以查阅登记机构档案的方式进行核实；

（三）信函核实宜采用国家邮政机构寄送的方式；

（四）电话（传真）核实宜以录像、录音的方式保全核实过程；

（五）对民间借贷、非金融机构的还款协议，以及《联合通知》第二条第（六）项规定的其他债权文书、第三条第二款规定的债权文书办理具有强制执效力公证的，宜更加谨慎；

（六）当事人对债权文书中的修改、补充内容应当记载在债权文书中或者另行订立补充条款，不得以载入询问笔录代替。

第十八条　本指导意见由中国公证协会常务理事会负责解释。

9. 司法部关于经公证的具有强制执行效力的合同的债权依法转让后，受让人能否持原公证书向公证机构申请出具执行证书问题的批复

（司复〔2006〕13号）

四川省司法厅：

你厅《关于能否办理赋予强制执行效力的借款合同的债权转让后债权人持原公证书申办执行证书能否出证的请示》（川司法〔2003〕68号）收悉。经研究，并征求最高人民法院意见，批复如下：

债权人将经公证的具有强制执行效力的合同的债权依法转让给第三人的，受让人持原公证书、债权转让协议以及债权人同意转让申请人民法院强制执行的权利的证明材料，可以向公证机构申请出具执行证书。

此复。

二〇〇六年八月十五日

10. 最高人民法院、司法部关于公证机关赋予强制执行效力的债权文书执行有关问题的联合通知

（2000年9月21日）

为了贯彻《中华人民共和国民事诉讼法》、《中华人民共和国公证暂行条例》的有关规定，规范赋予强制执行效力债权文书的公证和执行行为，现就有关问题通知如下：

一、公证机关赋予强制执行效力的债权文书应当具备以下条件：

（一）债权文书具有给付货币、物品、有价证券的内容；

（二）债权债务关系明确，债权人和债务人对债权文书有关给付内容无疑义；

（三）债权文书中载明债务人不履行义务或不完全履行义务时，债务人愿意接受依法强制执行的承诺。

二、公证机关赋予强制执行效力的债权文书的范围：

（一）借款合同、借用合同、无财产担保的租赁合同；

（二）赊欠货物的债权文书；

（三）各种借据、欠单；

（四）还款（物）协议；

（五）以给付赡养费、扶养费、抚育费、学费、赔（补）偿金为内容的协议；

（六）符合赋予强制执行效力条件的其他债权文书。

三、公证机关在办理符合赋予强制执行的条件和范围的合同、协议、借据、欠单等债权文书公证时，应当依法赋予该债权文书具有强制执行效力。

　　未经公证的符合本通知第二条规定的合同、协议、借据、欠单等债权文书，在履行过程中，债权人申请公证机关赋予强制执行效力的，公证机关必须征求债务人的意见；如债务人同意公证并愿意接受强制执行的，公证机关可以依法赋予该债权文书强制执行效力。

　　四、债务人不履行或不完全履行公证机关赋予强制执行效力的债权文书的，债权人可以向原公证机关申请执行证书。

　　五、公证机关签发执行证书应当注意审查以下内容：

　　（一）不履行或不完全履行的事实确实发生；

　　（二）债权人履行合同义务的事实和证据，债务人依照债权文书已经部分履行的事实；

　　（三）债务人对债权文书规定的履行义务有无疑义。

　　六、公证机关签发执行证书应当注明被执行人、执行标的和申请执行的期限。债务人已经履行的部分，在执行证书中予以扣除。因债务人不履行或不完全履行而发生的违约金、利息、滞纳金等，可以列入执行标的。

　　七、债权人凭原公证书及执行证书可以向有管辖权的人民法院申请执行。

　　八、人民法院接到申请执行书，应当依法按规定程序办理。必要时，可以向公证机关调阅公证卷宗，公证机关应当提供。案件执行完毕后，由人民法院在十五日内将公证卷宗附结案通知退回公证机关。

　　九、最高人民法院、司法部《关于执行〈民事诉讼法（试行）〉中涉及公证条款的几个问题的通知》和《关于已公证的债权文书依法强制执行问题的答复》自本联合通知发布之日起废止。

11. 最高人民法院关于当事人对具有强制执行效力的公证债权文书的内容有争议提起诉讼人民法院是否受理问题的批复

（2008年12月8日，法释〔2008〕17号）

各省、自治区、直辖市高级人民法院，解放军军事法院，新疆维吾尔自治区高级人民法院生产建设兵团分院：

关于当事人对具有强制执行效力的公证债权文书的内容有争议提起诉讼人民法院是否受理的问题，我院陆续收到江苏、重庆等高级人民法院的请示，经研究，批复如下：

根据《中华人民共和国民事诉讼法》第二百一十四条和《中华人民共和国公证法》第三十七条的规定，经公证的以给付为内容并载明债务人愿意接受强制执行承诺的债权文书依法具有强制执行效力。债权人或者债务人对该债权文书的内容有争议直接向人民法院提起民事诉讼的，人民法院不予受理。但公证债权文书确有错误，人民法院裁定不予执行的，当事人、公证事项的利害关系人可以就争议内容向人民法院提起民事诉讼。

12. 中国人民银行、最高人民法院、最高人民检察院、公安部关于查询、冻结、扣划企业事业单位、机关、团体银行存款的通知

（1993年12月11日，银发〔1993〕356号）

中国人民银行各省、自治区、直辖市分行，计划单列市分行；中国工商银行，中国农业银行，中国银行，中国人民建设银行、交通银行；各省、自治区、直辖市高级人民法院、人民检察院、公安厅（局）；军事法院、军事检察院：

为维护社会经济秩序，保证司法部门严格执法，保障有关当事人的合法权益，根据国家有关法律、法规的规定，现就人民法院、人民检察院、公安机关在办理案件中需要通过银行查询、冻结、扣划企事业单位、机关、团体银行存款的问题通知如下：

一、关于查询单位存款、查阅有关资料的问题

人民法院因审理或执行案件，人民检察院、公安机关因查处经济违法犯罪案件，需要向银行查询企业事业单位、机关、团体与案件有关的银行存款或查阅有关的会计凭证、账簿等资料时，银行应积极配合。查询人必须出示本人工作证或执行公务证和出具县级（含）以上人民法院、人民检察院、公安局签发的"协助查询存款通知书"，由银行行长或其他负责人（包括城市分理处、农村营业所和城乡信用社主任。下同）签字后并指定银行有关业务部门凭此提供情况和资料，并派专人接待。查询人对原件不得借走，需要的资料可以抄录、复制或照相，并经银行盖章。人民法院、人民检察院、公安机关对银行提供的情况和资料，应当依法保守秘密。

二、关于冻结单位存款的问题

人民法院因审理或执行案件，人民检察院、公安机关因查处经济犯罪案件，需要冻结企业事业单位、机关、团体与案件直接有关的一定数额的银行存款，必须出具县级（含）以上人民法院、人民检察院、公安局签发的"协助冻结存款通知书"及本人工作证或执行公务证，经银行行长（主任）签字后，银行应当立即凭此并按照应冻结资金的性质，冻结当日单位银行账户上的同额存款（只能原账户冻结，不能转户）。如遇被冻结单位银行账户的存款不足冻结数额时，银行应在六个月的冻结期内冻结该单位银行账户可以冻结的存款，直至达到需要冻结的数额。

银行在受理冻结单位存款时，应审查"协助冻结存款通知书"填写的被冻结单位开户银行名称、户名和账号、大小写金额，发现不符的，应说明原因，退回"通知书"。

被冻结的款项在冻结期限内如需解冻，应以做出冻结决定的人民法院、人民检察院、公安机关签发的"解除冻结存款通知书"为凭，银行不得自行解冻。

冻结单位存款的期限不超过六个月。有特殊原因需要延长的，人民法院、人民检察院、公安机关应当在冻结期满前办理继续冻结手续。每次续冻期限最长不超过六个月。逾期不办理继续冻结手续的，视为自动撤销冻结。

人民法院、人民检察院、公安机关冻结单位银行存款发生失误，应及时予以纠正，并向被冻结银行存款的单位做出解释。

被冻结的款项，不属于赃款的，冻结期间应计付利息，在扣划时其利息应付给债权单位；属于赃款的，冻结期间不计付利息，如冻结有误，解除冻结时应补计冻结期间利息。

三、关于扣划单位存款的问题

人民法院审理或执行案件，人民检察院、公安机关对查处的经济犯罪案件做出免予起诉、不予起诉、撤销案件和结案处理的决定，在执行时，需要银行协助扣划企业事业单位、机关、团体的银行存款，必须出具县级（含）以上人民法院、人民检察院、公安局签发的"协助扣划存款通知书"（附人民法院发生法律效力的判决书、裁定书、调解书、支付令、制裁决定的副本或行政机关的行政处罚决定书副本，人民检察院的免予起诉决定书、不起诉决定书、撤销案件决定书的副本，公安机关的处理决定书、刑事案件立案报告表的副本）及本人工作证或执行公务证，银行应当凭此立即扣划单位有关存款。

银行受理扣划单位存款时，应审查"协助扣划存款通知书"填写的被执行单位的开户银行名称、户名和账号、大小写金额，如发现不符，或缺少应附的法律文书副本，以及法律文书副本有关内容与"通知书"的内容不符，应说明原因，退回"通知书"和所附的法律文书副本。

为使银行扣划单位存款得以顺利进行，人民法院、人民检察院、公安机关在需要银行协助扣划单位存款时，应向银行全面了解被执行单位的支付能力，银行应如实提供情况。人民法院、人民检察院、公安机关在充分掌握情况之后，实事求是地确定应予执行的期限，对于立即执行确有困难的，可以确定缓解或分期执行。在确定的执行期限内，被执行单位没有正当理由逾期不执行的，银行在接到"协助扣划存款通知"后，只要被执行单位银行账户有款可付，应当立即扣划，不得延误。当日无款或不足扣划的，银行应及时通知人民法院、人民检察院、公安机关，待单位账上有款时，尽快予以扣划。

扣划的款项，属于归还银行贷款的，应直接划给贷款银行，用于归还贷款；属于给付债权单位的款项，应直接划给债权单位；属于给付多个债权单位的款项，需要从多处扣划被转移的款项待结案归还或给付的，可暂扣划至办案单位在银行开立的机关团体一般存款科目赃款暂收户或代扣款户（不计付利息）。待追缴工作结束后，依法分割返还或给付；属于上缴国家的款项，应直接扣划上缴国库。

四、关于异地查询、冻结、扣划问题

做出查询、冻结、扣划决定的人民法院、人民检察院、公安机关与协助执行的银行不在同一辖区的，可以直接到协助执行的银行办理查询、冻结、扣划单位存款，不受辖区范围的限制。

五、关于冻结、扣划军队、武警部队存款的问题

军队、武警部队一类保密单位开设的"特种预算存款"、"特种其他存款"和连队账户的存款，原则上不采取冻结或扣划等项诉讼保全措施。但军队、武警部队的其余存款可以冻结和扣划。

六、关于冻结、扣划专业银行、其他银行和非银行金融机构在人民银行存款的问题

人民法院因审理经济纠纷案件或经济犯罪案件，人民检察院、公安机关因查处经济违法犯罪案件，需要执行专业银行、其他银行和非银行金融机构在人民银行的款项，应通知被执行的银行和非银行金融机构自动履行。

七、关于冻结、扣划单位存款遇有问题的处理原则

两家以上的人民法院、人民检察院、公安机关对同一存款冻结、扣划时，银行应根据最先收取的协助执行通知书办理冻结和扣划。在协助执行时，如对具体执行哪一个机关的冻结、扣划通知有争议，由争议的机关协商解决或者由其上级机关决定。

八、关于各单位的协调与配合

人民法院、人民检察院、公安机关、银行要依法行使职权和履行协助义务、积极配合。遇有问题或人民法院、人民检察院、公安机关与协助执行的银行意见不一致时，不应拘留银行人员，而应提请双方的上级部门共同协商解决。银行人员违反有关法律规定，无故拒绝协助执行、擅自转移或解冻已冻结的存款，为当事人通风报信、协助其转移、隐匿财产的，应依法承担责任。

以上各项规定，请认真贯彻执行。

过去的规定与本文有抵触的，以本规定为准。

13. 最高人民法院、中国人民银行关于依法规范人民法院执行和金融机构协助执行的通知

（2000年9月4日，法发〔2000〕21号）

各省、自治区、直辖市高级人民法院，解放军军事法院，新疆维吾尔自治区高级人民法院生产建设兵团分院，中国人民银行各分行，中国工商银行，中国农业银行，中国银行，中国建设银行及其他金融机构：

为依法保障当事人的合法权益，维护经济秩序，根据《中华人民共和国民事诉讼法》，现就规范人民法院执行和银行（含其分理处、营业所和储蓄所）以及其他办理存款业务的金融机构（以下统称金融机构）协助执行的有关问题通知如下：

一、人民法院查询被执行人在金融机构的存款时，执行人员应当出示本人工作证和执行公务证，并出具法院协助查询存款通知书。金融机构应当立即协助办理查询事宜，不需办理签字手续，对于查询的情况，由经办人签字确认。对协助执行手续完备拒不协助查询的，按照民事诉讼法第一百零二条规定处理。

人民法院对查询到的被执行人在金融机构的存款，需要冻结的，执行人员应当出示本人工作证和执行公务证，并出具法院冻结裁定书和协助冻结存款通知书。金融机构应当立即协助执行。对协助执行手续完备拒不协助冻结的，按照民事诉讼法第一百零二条规定处理。

人民法院扣划被执行人在金融机构存款的，执行人员应当出示本人工作证和执行公务证，并出具法院扣划裁定书和协助扣划存款通知书，还应当附生效法律文书副本。金融机构应当立即协助执行。对协助执行手续完备拒不

协助扣划的，按照民事诉讼法第一百零二条规定处理。

人民法院查询、冻结、扣划被执行人在金融机构的存款时，可以根据工作情况要求存款人开户的营业场所的上级机构责令该营业场所做好协助执行工作，但不得要求该上级机构协助执行。

二、人民法院要求金融机构协助冻结、扣划被执行人的存款时，冻结、扣划裁定和协助执行通知书适用留置送达的规定。

三、对人民法院依法冻结、扣划被执行人在金融机构的存款，金融机构应当立即予以办理，在接到协助执行通知书后，不得再扣划应当协助执行的款项用以收贷收息；不得为被执行人隐匿、转移存款。违反此项规定的，按照民事诉讼法第一百零二条的有关规定处理。

四、金融机构在接到人民法院的协助执行通知书后，向当事人通风报信，致使当事人转移存款的，法院有权责令该金融机构限期追回，逾期未追回的，按照民事诉讼法第一百零二条的规定予以罚款、拘留；构成犯罪的，依法追究刑事责任，并建议有关部门给予行政处分。

五、对人民法院依法向金融机构查询或查阅的有关资料，包括被执行人开户、存款情况以及会计凭证、账簿、有关对账单等资料（含电脑储存资料），金融机构应当及时如实提供并加盖印章；人民法院根据需要可抄录、复制、照相，但应当依法保守秘密。

六、金融机构作为被执行人，执行法院到有关人民银行查询其在人民银行开户、存款情况的，有关人民银行应当协助查询。

七、人民法院在查询被执行人存款情况时，只提供单位账户名称而未提供账号的，开户银行应当根据银发〔1997〕94号《关于贯彻落实中共中央政法委〈关于司法机关冻结、扣划银行存款问题的意见〉的通知》第二条的规定，积极协助查询并书面告知。

八、金融机构的分支机构作为被执行人的，执行法院应当向其发出限期履行通知书，期限为十五日；逾期未自动履行的，依法予以强制执行；对被执行人未能提供可供执行财产的，应当依法裁定逐级变更其上级机构为被执行人，直至其总行、总公司。每次变更前，均应当给予被变更主体十五日的自动履行期限；逾期未自动履行的，依法予以强制执行。

九、人民法院依法可以对银行承兑汇票保证金采取冻结措施，但不得扣划。如果金融机构已对汇票承兑或者已对外付款，根据金融机构的申请，人民法院应当解除对银行承兑汇票保证金相应部分的冻结措施。银行承兑汇票保证金已丧失保证金功能时，人民法院可以依法采取扣划措施。

十、有关人民法院在执行由两个人民法院或者人民法院与仲裁、公证等有关机构就同一法律关系做出的两份或者多份生效法律文书的过程中，需要金融机构协助执行的，金融机构应当协助最先送达协助执行通知书的法院，予以查询、冻结，但不得扣划。有关人民法院应当就该两份或多份生效法律文书上报共同上级法院协调解决，金融机构应当按照共同上级法院的最终协调意见办理。

十一、财产保全和先予执行依照上述规定办理。

此前的规定与本通知有抵触的，以本通知为准。

14. 最高人民法院关于办理申请人民法院强制执行国有土地上房屋征收补偿决定案件若干问题的规定

（2012年2月27日，法释〔2012〕4号）

为依法正确办理市、县级人民政府申请人民法院强制执行国有土地上房屋征收补偿决定（以下简称征收补偿决定）案件，维护公共利益，保障被征收房屋所有权人的合法权益，根据《中华人民共和国行政诉讼法》、《中华人民共和国行政强制法》、《国有土地上房屋征收与补偿条例》（以下简称《条例》）等有关法律、行政法规规定，结合审判实际，制定本规定。

第一条　申请人民法院强制执行征收补偿决定案件，由房屋所在地基层人民法院管辖，高级人民法院可以根据本地实际情况决定管辖法院。

第二条　申请机关向人民法院申请强制执行，除提供《条例》第二十八条规定的强制执行申请书及附具材料外，还应当提供下列材料：

（一）征收补偿决定及相关证据和所依据的规范性文件；

（二）征收补偿决定送达凭证、催告情况及房屋被征收人、直接利害关系人的意见；

（三）社会稳定风险评估材料；

（四）申请强制执行的房屋状况；

（五）被执行人的姓名或者名称、住址及与强制执行相关的财产状况等具体情况；

（六）法律、行政法规规定应当提交的其他材料。

强制执行申请书应当由申请机关负责人签名，加盖申请机关印章，并注明日期。

强制执行的申请应当自被执行人的法定起诉期限届满之日起三个月内提出；逾期申请的，除有正当理由外，人民法院不予受理。

第三条 人民法院认为强制执行的申请符合形式要件且材料齐全的，应当在接到申请后五日内立案受理，并通知申请机关；不符合形式要件或者材料不全的应当限期补正，并在最终补正的材料提供后五日内立案受理；不符合形式要件或者逾期无正当理由不补正材料的，裁定不予受理。

申请机关对不予受理的裁定有异议的，可以自收到裁定之日起十五日内向上一级人民法院申请复议，上一级人民法院应当自收到复议申请之日起十五日内做出裁定。

第四条 人民法院应当自立案之日起三十日内做出是否准予执行的裁定；有特殊情况需要延长审查期限的，由高级人民法院批准。

第五条 人民法院在审查期间，可以根据需要调取相关证据、询问当事人、组织听证或者进行现场调查。

第六条 征收补偿决定存在下列情形之一的，人民法院应当裁定不准予执行：

（一）明显缺乏事实根据；

（二）明显缺乏法律、法规依据；

（三）明显不符合公平补偿原则，严重损害被执行人合法权益，或者使被执行人基本生活、生产经营条件没有保障；

（四）明显违反行政目的，严重损害公共利益；

（五）严重违反法定程序或者正当程序；

（六）超越职权；

（七）法律、法规、规章等规定的其他不宜强制执行的情形。

人民法院裁定不准予执行的，应当说明理由，并在五日内将裁定送达申请机关。

第七条 申请机关对不准予执行的裁定有异议的，可以自收到裁定之日起十五日内向上一级人民法院申请复议，上一级人民法院应当自收到复议申请之日起三十日内做出裁定。

第八条 人民法院裁定准予执行的，应当在五日内将裁定送达申请机关和被执行人，并可以根据实际情况建议申请机关依法采取必要措施，保障征收与补偿活动顺利实施。

第九条 人民法院裁定准予执行的，一般由做出征收补偿决定的市、县级人民政府组织实施，也可以由人民法院执行。

第十条 《条例》施行前已依法取得房屋拆迁许可证的项目，人民法院裁定准予执行房屋拆迁裁决的，参照本规定第九条精神办理。

第十一条 最高人民法院以前所作的司法解释与本规定不一致的，按本规定执行。

15.《最高人民法院关于部分人民法院冻结、扣划被风险处置证券公司客户证券交易结算资金有关问题的通知》

（2010年6月22日，〔2010〕民二他字第21号）

北京市、上海市、江苏省、山东省、湖北省、福建省高级人民法院：

近日，中国证券监督管理委员会致函我院称，因部分人民法院前期冻结、扣划的客户证券交易结算资金未能及时解冻或退回，导致相应客户证券交易结算资金缺口难以弥补，影响被处置证券公司行政清理工作，请求我院协调有关人民法院解冻或退回客户证券交易结算资金。经研究，现就有关问题通知如下：

一、关于涉及客户证券交易结算资金的冻结与扣划事项，应严格按照《中华人民共和国证券法》、《最高人民法院关于冻结、扣划证券交易结算资金有关问题的通知》（法〔2004〕239号）、《最高人民法院、最高人民检察院、公安部、中国证券监督管理委员会关于查询、冻结、扣划证券和证券交易结算资金有关问题的通知》（法发〔2008〕4号）、《最高人民法院关于依法审理和执行被风险处置证券公司相关案件的通知》（法发〔2009〕35号）的相关规定进行。人民法院在保全、执行措施中违反上述规定冻结、扣划客户证券交易结算资金的，应坚决予以纠正。

二、在证券公司行政处置过程中，按照国家有关政策弥补客户证券交易结算资金缺口是中国证券投资者保护基金有限责任公司（以下简称保护基金公司）的重要职责，被风险处置证券公司的客户证券交易结算资金专用存款账户、结算备付金账户内资金均属于证券交易结算资金，保护基金公司对被风险处置证券公司因违法冻结、扣划的客户证券交易结算资金予以垫付弥补后，取得相应的代位权，其就此主张权利的，人民法院应予支持。被冻结、扣划的客户证券交易结算资金已经解冻并转入管理人账户的，经保护基金公司申请，相关破产案件审理法院应当监督管理人退回保护基金公司专用账户；仍处于冻结状态的，由保护基金公司向相关保全法院申请解冻，保全法院应将解冻资金返还保护基金公司专用账户；已经扣划的，由保护基金公司向相关执行法院申请执行回转，执行法院应将退回资金划入保护基金公司专用账户。此外，被冻结、扣划客户证券交易结算资金对应缺口尚未弥补的，由相关行政清理组申请保全或者执行法院解冻或退回。

请各高级法院督促辖区内相关法院遵照执行。

特此通知。

16. 最高人民法院关于首先查封法院与优先债权执行法院处分查封财产有关问题的批复

（2015年12月16日最高人民法院审判委员会第1672次会议通过，自2016年4月14日起施行法释〔2016〕6号）

福建省高级人民法院：

你院《关于解决法院首封处分权与债权人行使优先受偿债权冲突问题的请示》（闽高法〔2015〕261号）收悉。经研究，批复如下：

一、执行过程中，应当由首先查封、扣押、冻结（以下简称查封）法院负责处分查封财产。但已进入其他法院执行程序的债权对查封财产有顺位在先的担保物权、优先权（该债权以下简称优先债权），自首先查封之日起已超过60日，且首先查封法院就该查封财产尚未发布拍卖公告或者进入变卖程序的，优先债权执行法院可以要求将该查封财产移送执行。

二、优先债权执行法院要求首先查封法院将查封财产移送执行的，应当出具商请移送执行函，并附确认优先债权的生效法律文书及案件情况说明。

首先查封法院应当在收到优先债权执行法院商请移送执行函之日起15日内出具移送执行函，将查封财产移送优先债权执行法院执行，并告知当事人。

移送执行函应当载明将查封财产移送执行及首先查封债权的相关情况等内容。

三、财产移送执行后，优先债权执行法院在处分或继续查封该财产时，可以持首先查封法院移送执行函办理相关手续。

优先债权执行法院对移送的财产变价后，应当按照法律规定的清偿顺序分配，并将相关情况告知首先查封法院。

首先查封债权尚未经生效法律文书确认的，应当按照首先查封债权的清偿顺位，预留相应份额。

四、首先查封法院与优先债权执行法院就移送查封财产发生争议的，可以逐级报请双方共同的上级法院指定该财产的执行法院。

共同的上级法院根据首先查封债权所处的诉讼阶段、查封财产的种类及所在地、各债权数额与查封财产价值之间的关系等案件具体情况，认为由首先查封法院执行更为妥当的，也可以决定由首先查封法院继续执行，但应当督促其在指定期限内处分查封财产。

此复。

17. 上海市高级人民法院关于在执行程序中使用调查令的若干规定（试行）

（2004年3月26日，沪高法〔2004〕92号）

（规定的目的和依据）为了确保人民法院在执行程序中准确、全面地查明被执行人的实际履行能力，进一步增强申请执行人的举证能力，提高执行效率，根据《中华人民共和国民事诉讼法》等有关法律的规定，结合本市法院执行工作实际，制定本规定。

第一条　（相关概念的界定）

执行程序中的调查令是指在执行阶段，因申请执行人无法获取相关证据，履行相应的举证责任，经其向人民法院提出申请，由人民法院批准签发的供指定律师向有关单位调查收集特定证据的法律文书。

本规定所称的申请人是指向人民法院申请强制执行生效法律文书的债权人。

本规定所称的持令人是指经人民法院审查批准，持调查令调查收集特定证据的申请执行人所委托的代理律师。

本规定所称的接受调查人是指调查令载明的须向持令人提供指定证据的机关、团体、企事业单位。

第二条　（调查令的适用范围）

调查令适用于被执行人有无实际履行能力的证据的调查收集，包括：

（一）被执行人的基本情况；

（二）被执行人的财产情况；

（三）被执行人是否对第三人享有到期债权以及第三人的财产情况；

（四）能够证明被执行人有无实际履行能力的其他情况。

但法律法规明确规定必须由人民法院执行人员调查收集的证据除外。

第三条　（适用调查令的禁止性规定）

有下列情形之一的，不得使用调查令收集相关的证据：

（一）涉及国家机密的；

（二）涉及商业秘密的；

（三）与执行案件无关的；

（四）其他不宜持令调查的。

第四条　（可予使用调查令收集的证据形式）

使用调查令调查收集的证据形式仅限于档案材料、权利凭证、电子书证、信函电报等书证；不得包含证人证言等其他证据形式。

第五条　（调查令的申领程序）

执行程序中使用调查令收集证据的，必须由申请执行人向人民法院提出书面申请。

申请执行人委托的代理律师代为申领调查令或者持令调查的，必须有申请执行人的特别授权。

第六条　（申领调查令的材料）

申请执行人申领调查令的，必须提供下列材料：

（一）申领调查令申请书、申请书中应当载明申领人和持令人的身份情况，申请调查收集的证据，目的及其理由等；

（二）申请调查特定证据的线索；

（三）委托代理人的权限证明及其合法有效的《律师执业证》。

第七条　（人民法院的告知义务）

申领调查令时，人民法院执行人员应将《申领调查令须知》送达申领人或者其委托的代理律师，告知其相关的权利义务。送达情况须在送达回证或者笔录中记明。

第八条　（调查令的签发程序）

调查令的发放，须由三名执行人员自申领人提出申领之日起七日内按照少数服从多数的原则讨论决定。

决定发放调查令的，由执行人员填写调查令，经执行长同意后报庭长签发。

调查令的签发程序和签发的调查令应当记明笔录并登记备案。

第九条　（调查令的内容）

调查令应当包括下列内容：

（一）执行案件的案号、案件当事人的姓名或者名称；

（二）申领人的姓名或者名称；

（三）接受调查人的名称；

（四）持令人的姓名、性别、律师执业证证号、律师事务所全称；

（五）调查收集的证据内容；

（六）调查令的有效期限；

（七）填发人、签发人、日期和院印；

（八）申领人或者持令人领取调查令及回执的签名和日期。

调查令的有效期限最长不得超过三十日。

第十条　（持令调查的实施）

持令调查收集证据的，必须由申请执行人委托的持有效《律师执业证》的两名代理律师共同进行。

第十一条　（使用调查令时应注意的事项）

持令人调查收集证据时应当主动向接受调查人出示身份证件和调查令。

持令人应当正确使用《调查令》，并确保调查收集的证据的真实完整。

对持令调查中获知的有关信息，申领人、持令人应当对外承担保密责任。

第十二条　（接受调查人提供证据的期限）

接受调查人应当于收到调查令之日起七日内向持令人提供调查令所指定

的证据。

第十三条 （接受调查人有权拒绝提供相关证据的情形）

接受调查人有权拒绝提供本规定第四条所列的相关证据以及调查令载明的指定证据以外的其他证据。

第十四条 （调查令正本或者回执的交还）

持令人应当将调查收集的证据于调查结束后七日内连同接受调查人填写的回执提交人民法院。

持令人因故未使用调查令的，应当于调查令有效期限届满之日起七日内，将调查令正本及回执交还人民法院。

第十五条 （未按期交还调查令正本或者回执的催交）

持令人逾期未将收集的证据或者调查令、回执等文件交还人民法院的，执行人员应当于逾期后十五日内向持令人催交，并将催交情况记明笔录。

第十六条 （规定的施行）

本规定自下发之日起施行。

附件1：《申领调查令须知》

上海市XXXX人民法院申领调查令须知

为了进一步增强申请执行人的举证能力，确保持令人正确使用调查令，查明被执行人的财产状况及其实际履行能力，现根据《上海市高级人民法院关于在执行程序中使用调查令的若干规定（试行）》，就申领调查令的有关事项，告知如下：

1．执行程序中的调查令是指在执行阶段，因申请执行人无法获取相关证据，履行相应的举证责任，经其向人民法院提出申请，由人民法院批准签发的供指定律师向有关单位调查收集特定证据的法律文书。

2．调查令适用于对被执行人有无实际履行能力的证据的调查收集，包括：（1）被执行人的基本情况；（2）被执行人有无财产及其财产情况；（3）被执行人是否对第三人享有到期债权以及第三人的财产情况；（4）能够证明被执行人有无实际履行能力的其他情况。

3．使用调查令调查收集的证据形式仅限于档案材料、权利凭证、电子书证、信函电报等书证；不得包含证人证言等其他证据形式。

4．下列情况不属于持令调查的范围：涉及国家机密的、涉及商业秘密的、与执行案件无关的以及其他不宜持令调查或者法律法规明确规定必须由人民法院执行人员调查收集的证据。

5．执行程序中使用调查令收集证据必须由申请执行人或者经申请执行人特别授权的持合法有效的《律师执业证》的代理律师向人民法院提出书面申请。

6．申请执行人申领调查令的，必须提供下列材料：（1）申领调查令申请书，申请书须载明申请调查收集的证据、目的、理由以及申领人的身份情况等；（2）申请调查特定证据的线索；（3）委托代理人的权限证明以及合法有效的《律师执业证》。

7. 持调查令调查收集证据的，必须由申请执行人委托的持有效《律师执业证》的两名代理律师在调查令载明的有效期限届满之前进行。

8. 持令人调查收集证据时应当主动向接受调查人出示身份证件与调查令，持令人须确保调查收集的证据的真实完整并对外承担保密责任。

9. 持令人应当将调查收集的证据于调查结束后七日内连同接受调查人填写的回执提交人民法院；持令人因故未使用调查令的，应当于调查令指定期限届满之日起七日内，将调查令正本及回执交还人民法院。

10. 持令调查收集证据的过程中所发生的费用由申请执行人承担。

附件2：《调查令》

1．正本：（正面）

上海市×××人民法院调查令

（×××）×××执令字第×××号

×××（接受调查人）：

我院受理的××××（申请执行人）申请执行×××（被执行人）×××（案由）一案，为查明被执行人的财产状况，根据《中华人民共和国民事诉讼法》第六十四条第二款、第六十五条第一款以及《上海市高级人民法院关于执行程序中使用调查令的若干规定》之规定，现本院指定×××（持令人）、×××（持令人）前来你处调查、收集相关证据。你方应在核对持令人姓名、身份、单位并确认无误后，在指定期限内向持令人提供本令所列调查事项的证明材料（详见背面）。无正当理由拒不提供或者不如实提供的，将承担由此产生的法律责任。

此令

×××年×××月×××日

（院印）

（本调查令有效期截止×××年×××月×××日）

（此联由接受调查人存档）

（背面）

持令人：×××　性别：×　律师执业证证号：×××

律师事务所：×××律师事务所

持令人：×××　性别：×　律师执业证证号：×××

律师事务所：×××律师事务所

下列调查事项的证明材料你方须于接到本令之日起七日内向持令人提供原件，提供原件确有困难或者不宜提供原件的，可以提供复印件；在提供的证明材料上须加盖起证明作用的单位骑缝章，注明材料的总页数并由经手人签章。

1.

2.

3.

4.

2. 回执：

上海市×××人民法院调查令（回执）

（×××）××执令字第××号

上海市×××人民法院：

你院（×××）××执令字第××号调查令已收悉。根据你院的要求，现提供如下证明材料：

1.

2.

3.

不能提供调查令所列的第×项、第×项证明材料，原因是：

经手人：×××（签章）×××年×××月×××日

（接受调查人单位印章）

（此联由持令人交还本院附卷）

3. 存根：

上海市×××人民法院调查令（存根）

（×××）×××执令字第×××号

申领人：×××

持令人：×××　性别：×　律师执业证证号：×××

律师事务所：×××律师事务所

持令人：×××　性别：×　律师执业证证号：×××

律师事务所：×××律师事务所

接受调查人：××××

批准调查的事项：

1.

2.

3.

4.

本调查令有效期截止××年××月××日。

填发人：××

签发人：××

××年××月××日

调查令或回执交还时的签收人：××年××月××日

参考文献

1. 江必新.法院执行工作实务指南.北京：人民法院出版社，2010

2. 丁亮华.强制执行的规范解释.北京：中国法制出版社，2011

3. 廖中洪编.民事间接强制执行比较研究.北京：中国检察出版社，2013

4. 江必新.民事强制执行操作规程.北京：人民法院出版社，2010

5. 夏蔚，谭玲.民事强制执行研究.北京：中国检察出版社，2005

6. 王娣.强制执行法学.厦门：厦门大学出版社，2011

7. 郑兢毅.强制执行法释义.北京：商务印书馆，2014

8. 江必新主编.制执行法理论与实务.北京：中国法制出版社，2014

9. 江必新，贺荣.强制执行法的起草与论证（三）.北京：中国法制出版社，2014

10. 董少谋.民事强制执行法学.北京：法律出版社，2011

11. 温树斌.国际法强制执行问题研究.武汉：武汉大学出版社，2010

12. 杨荣馨主编.《中华人民共和国强制执行法（专家建议稿）》立法理由、立法例参考与立法意义.厦门：厦门大学出版社，2011

13. 邹川宁.民事强制执行基本问题研究.北京：中国法制出版社，2004

14. 童兆洪主编.民事执行调查与分析.北京：人民法院出版社，2005

15. 谭秋桂.民事执行原理研究.北京：中国法制出版社，2001

16. 谭秋桂.民事执行法学.北京：北京大学出版社，2005

17. 童兆洪主编.民事执行调查与分析.北京：人民法院出版社，2005

18. 童兆洪主编.民事执行操作与适用.北京：人民法院出版社，2003

19. 张永红.英国强制执行法.上海：复旦大学出版社，2014